上山的路

我的爸爸黑泽明

〔日〕黑泽和子 著
焦阳 译

新 星 出 版 社 NEW STAR PRESS

雅众文化 出品

目录
contents

前言

我的父亲黑泽明离世至今已有一年。

一年前，谁都没有想到我们最终会在威尼斯迎来一周年忌日。

这一年说长也长，说短也短。

生活在父亲身边的我却没有时间哭泣与悲伤。

有许多人因父亲离世而对电影界，对人生感到失望。

我这才发现有这么多人想要在父亲的电影中寻求某种东西，甚至是寻求人生价值。

父亲确实离开了身边，但我内心遗传自父亲的不服输的性格已被点燃，直至今日仍在猛烈地燃烧。

眨眼间，一年的时光便过去了，我一直在想应当如何让爱着父亲的人们鼓足精神振作起来，不断鼓励他们。

父亲在世时，我总有一种责任感，想让他多享受些幸福生活，哪怕再多一天也好。

在父亲去世后，每当面对与他有直接关系的人，或者通过银幕认识黑泽明的人们时，我都能感受到这份责任。

如果不继承父亲的遗志，如果不将父亲的电影的精神保留下来……如此种种，我仿佛感到父亲在背后不断催促着我。

摄制父亲的遗作《雨停了》（我担任服装设计）、创作文章、接受采访，还有工作室的工作……这些全部与黑泽明有关，这一年被黑泽明占得满满当当。

写这本书，使得我这个受父亲影响太大的女儿也稍稍抹掉了些父亲的影响。

有这么一个引力极强的人，名为黑泽明。

在父亲的影响下，我活到了现在这个年纪。

如果不是他的女儿，我从出生到现在的成就会被其他人认同吗？恐怕不行吧。

我必须从现在开始不断积累经验，超越亲人是一名伟人的障碍。

我从父亲那里得到的“遗产”博大精深。我发自内心地感谢，并开始我的新生。

父亲说过“我在离世后还会保佑你哦”。所以他一定正在天国全力支持着我吧。

母亲在离世前说过：“不要输给黑泽明啊。”

我不会输的。虽然在父亲的光环中长大，但我并没有迷失自己，所以请不要担心。

写作本书时，我心里常常懊悔自己没能在父母在世时，对他们亲口说出“我爱你们”，希望本书能够传达出我的这份悔意。

虽然我觉得自己无法在这本书中写尽那不断涌出的思念，但我借此整理了自己的内心，终于再向前迈出了一步。

一九九九年十二月

黑泽和子

谨献给我已逝去的

父亲黑泽明、母亲喜代

第一章 狛江的家

我出生于昭和二十九年[1]四月二十九日，这天也是昭和天皇的生日，还是《七武士》摄制完毕的日子。

《七武士》后来成了父亲的名作，这部电影的诞生经历了漫长的岁月，而我只是普通地经历十月怀胎来到这个世界上、实在称不上是“名作”的普通小女孩。

父亲虽然对我说“你出生时是个脸蛋端正、漂亮的小女孩”，但我之后没能保持。我的外婆和我们住在一起，她将我抱起来、疼爱地看着我，补上一句：“和子虽然不是美女，但是很可爱呢。”

外婆在年轻时是个被称作“神户小町[2]”的美人，但是她嫁给了出生于四国地区、脸庞方方正正的“土佐犬”。外婆和长辈都曾直

1 即1954年。

2 指小野小町，日本历史人物，因其美貌，“小町”常被用作美女的代名词。

言不讳地说过，包含母亲在内的美人三姐妹血统不纯正，长相令人失望。

而我的爷爷是秋田县人，所以父亲自顾自地笑着，补上了一句：“你的身上还混进了‘秋田犬’的血统呢。”

在我刚出生、什么都不懂时，就这样得到了大家的批评。

那时我尚在母亲怀中。

那地方不知为何很阴暗，母亲抱着襁褓中的我。白色与豆沙色毛线织成的襁褓蹭着我的脸，痒痒的。

那时，一片漆黑的上方，有些白色的东西纷纷扬扬地飘下来，落在我的脸上，一阵冰凉。

我清楚地记得那白色的东西不断地径直落下。然后，有一张大脸挡住了它们。

我懂事后回想起那时的情景，宛如梦境般不可思议，一直留在我的心中。

之后我问父母，是什么时候、出于什么原因，我对于他们有着这样的记忆。

母亲说，那是在我满一岁时的某个夜晚，她从玄关小跑到大门前，迎接工作归来的父亲时的记忆。

那天，漆黑的夜空突然下起了小雪，是个寒冷的夜晚。

得知这些之后，我在脑海中仔细回想，玄关屋顶的瓦片、延伸到门前的树木的形状便浮现在阴暗之中。至于大脸上的巨大眼睛——我仔细想了想，应该是父亲的墨镜吧。

这就是我对黑泽明这个“生物”最原始的记忆。

长大之后，我也会在下雪时仰望天空。

这些向自己飘来的白色物体，在感叹它们的美丽的同时，我也感觉自己仿佛正在被吸走，跨越了时空。

我想起了《红胡子》中的雪、《梦》中的雪，还有父亲未完成的剧本《大海作证》中的雪景镜头——他曾说过想要试着为雪景加上歌舞伎中对雪的拟声。

回忆重叠在一起，我的记忆越来越富有戏剧性。以树木与屋顶为背景，咚咚咚的声音伴随着飘落的雪花传来，父亲催促抱着我的母亲一起奔跑。我产生了自己正看着那样一幕表演的错觉。

刚刚成为黑泽家一员的我对将来要发生的事情一无所知，就这样被母亲抱在怀中。

在我出生、《七武士》摄制完毕的前一天，任性的父亲要求挺着大肚子、即将临产的母亲准备工作完成后的旅行行李，事无巨细地问她："行李准备好了吗？钱包里有钱吗？"

第二天，以被称为"黑泽家族"的剧作家桥本忍、小国英雄为首，不少经常出现在摄制现场的黑泽工作组成员，还有三船敏郎、志村乔、藤原釜足等关系不错的演员齐聚一堂。酒席在一如往常的祥和气氛中开始，大家开始喝酒、宴会正要进入高潮时，一封报告女儿出生的电报送来了，在"恭喜恭喜"的祝福声中，酒席的气氛更加热烈。空威士忌酒瓶在墙边摆成一长排，数量将近平时的一倍，蔚为壮观。

三船先生家里都是男孩，千秋实家也都是男孩，父亲的兄弟家也全是男孩。真没想到最后得了个女儿，父亲高兴得不得了。

但是他竟然没有想着立刻回到在东京的母女身边，反而和黑泽工作组的男人们彻夜痛饮。

孩子出生时，父亲应该在母亲身旁说句"真是不容易啊"之类的话，这样母亲之后至少不会向他抱怨了。我认为这是作为父亲应该做的事，可是时至今日，我又觉得如果父亲这样做就不像他自己了。

据说我那时像公主一样，睡着装饰着白色蕾丝床帐的床。

父亲根本不会想到，后来我和他一起制作电影时，同事们居然叫我“公主”吧。

我刚出生时因为不适应疫苗，身体状况不好，据说从没有见过父亲那么手足无措的样子。父亲实在无计可施，想出来个逃到庭院里练习高尔夫挥杆的办法。

那之后我得了感冒，医生来看病时，他就逃到庭院里练高尔夫。一辈子都是这样。

有一天我以为“医生要来了，要打针啦！”，便在二楼的窗户边展开双臂哭喊道：“爸爸救我啊！”直到我已经四十多岁了，父亲回想起那时的场景仍难过得说不出话，只能一遍遍地重复，说没有什么时候比那时更痛苦了。可是他这么说的时候，表情不知为何有些愉悦，也有些悲伤。

在我一到八岁的时候，父亲非常忙碌。

大致是拍摄《恶汉甜梦》（1960）时，妈妈对我说，爸爸今晚也有夜间拍摄工作，回家晚。

那天晚上直到睡着之前，我一直在想，为什么父亲每天都要拍水壶[1]？我睡着之后，身材魁梧的父亲便放下水壶，像平时一样戴着鸭舌帽、略微低着头，走进了我的房间。

现在想来，那肯定是我的梦，但小时候的我坚信那是真的。

1 日语中，“夜间”日文发音同“水壶”（やかん）。

不想错过任何发生的事情、总认为有什么事情正在发生——那时的我是个极度厌恶睡觉的怪孩子。

父亲也歪着头说过，“如果我哄她睡觉，她就像怕死一样拼命抵抗，真是不知道怎么回事啊。”

每周总有那么两三次，父亲会带工作人员或者客人来家里。此外，每月还会办几次大宴会。

我对热闹与充满活力的宴会充满兴趣。不为什么，就是单纯地非常向往。半夜突然从梦中醒来，便能听到远处传来歌声、笑声，还有仿佛争吵一般的说话声。

有一天晚上，我又在半夜惊醒，竖起耳朵听到了许多人的声音。我看看周围，姨母还在睡着。于是我轻轻地拉开纸门，隔着庭院望向起居室，发现那里一片漆黑。我又望向楼上，侧耳听二楼夹层有没有声音，仍是一片寂静。庭院里那棵高大的柿子树却像幽灵一样在晃动。

从那天开始，即便我在半夜惊醒，也没有再爬起来确认声音是从哪里传来的了。

狛江的家设计得十分独特，沿着有大柿子树和水池的庭院边缘建造了一圈围廊。家的形状仿佛是一个甜甜圈——房间沿着围廊建造，我要先爬上二楼之后再下楼梯，才能到达围廊。

黑泽工作组的老成员还有家里的亲戚会用怀恋的语气说，住在狛江的家的时候真是太好了。

提到“狛江的家”时，大家很是珍惜，仿佛在说初恋情人的名字，因为它有重要的含义。那里充盈着日本电影界黄金时代的力量，如同小孩的脸颊般红润，光辉闪耀。遗憾的是，因为我那时还很小，对狛江的家中发生的事情只有片段回忆。

父亲曾在喝得醉醺醺的时候，给我唱过一首歌，歌词大意是豹子把毛皮忘在了某棵树上。那是昭和三十二年父亲被邀请参加伦敦电影节时的事情吧。他拿到了通过北极圈纪念证书。也许是因为那上面画着白熊，每当想起对我唱着这首歌的父亲，不知为何我的脑海中总映出脱掉了毛皮、耐不住北极严寒的白熊慌忙将拉链拉起来的场景。也许是因为我将两段记忆混合在一起了。

那时的电视机画面昏暗，很难看清楚，即使是白天也得拉起窗帘。电视上播着脖子能变长变短的妖怪，还有妖怪猫。我被吓得放声大哭，父亲高声叫道："谁让电视播这种节目的？"父亲虽然对给小孩看的电视节目感到不耐烦，却也说过："《蔬果村和核桃树》[1]真有趣啊。"我记得自己与他一起看过这些节目。

但是在看拳击比赛的时候，我明明非常害怕，但是父亲却没有发现。他一言不发地让我坐在他腿上，痴迷地看着实况转播。这让我感到父亲身上有些矛盾的地方，但之后明白了：艺术家往往是巨大的矛盾体。拳击比赛时，如果其中一方很快被击倒，我便会长舒一口气；如果要通过计算分数判定胜负，我便会数着画面右下角的倒计时，一直忍耐着。

在黑泽工作组举办大宴会的时候，被母亲抱着向大家道晚安是惯例。但是要被几十个浑身酒臭的大人抱着传一圈儿可真难受。

当时担任第一副导演的森谷司郎为了逗我开心，总给我剥南瓜子吃。父亲每次都会生气地说："别让她吃太多，会拉肚子！"

1 《蔬果村和核桃树》（チロリン村とくるみの木）：于1956年至1964年在*NHK*播出的一档人偶剧。

小小的我曾经坐在体格魁梧的金田正一投手的膝盖上，观看三船敏郎先生的短剧表演。

职业高尔夫运动员中村寅吉曾经将他那张被晒得像炒过头的蚕豆一样黑的脸凑过来亲我，我被吓得哇哇大哭。

最让父母困扰的是，我一看到浓妆艳抹的女演员便会歪着嘴说："有鬼呀！"一到这时，父亲或母亲就会慌忙跑过来捂住我的嘴，我反而开始放声大哭。可怕的东西就是可怕，没办法。

那时的我安静又老实，平时看上去呆呆的，但一有什么事情便会高声大哭，因此被父亲称为"原子弹女儿"。

之后父亲告诉我，他在拍摄《红胡子》（1965）、设计二木辉美饰演的阿丰站在桥头大声哭泣的镜头时，参考了我当时的样子。

住在狛江时，因为我是一个女孩子，父亲完全不知道应该怎样和我玩耍，只会发出噢噢声，眯着眼睛将我抱起来。

姨母告诉我，过圣诞节时，父亲给我穿上了连衣裙式样的圣诞老人装，骄傲地抱着我出门。但是，对我而言，戴着圣诞帽、穿脱各种各样的衣服真是麻烦。

还有一件困扰的事是，父亲非常喜欢狗，因此他认为家人也都喜欢狗。他在家中养了两只博美犬，一只名为"波尼"，一只名为"米尼"，他让两只狗在院子里随意奔跑。可是我记得博美犬的体型很大[1]，而且不好看。

也许父亲认为博美犬经常叫，适合当看门狗吧。可是这两只狗很难驯养，引来了不少麻烦，我经常听到母亲、姨母和佣人们的抱怨。

1　据说博美犬初期体型比较大，之后经英国人改良才成为了小型犬种。

之后，养了一只听话的、名为“萨尼”的苏格兰牧羊犬。在没有客人的时候，它会被带到起居室，在父亲晚酌时陪伴他。

哥哥曾经想要一只小拳师犬，父亲带回来的却大得像是一只成年犬，因为没人敢接近它便被送回去了。在我的眼中，那只狗大得像匹马。

后来还养过一只通体乌黑的小可卡犬，又小又可爱。因为是第一次在室内养狗，我被吓得一边跑一边呀呀叫喊。

现在回想起来，父亲养狗的原因之一也许是自己经常不在家，想通过养狗来让孩子们开心。

不得不说，因为父亲的坚持，大家也越来越喜欢狗了。

有一天，那只可卡犬“普蒂”的妈妈被主人领来了。虽然有一段时间没有相见，但是狗妈妈似乎立刻认出了自己的孩子，回家的时候难过地叫个不停，我记得自己那时非常伤心。

我记得那只有着漂亮的金色毛发的母狗，不断回头，发出“呜呜”的叫声，眼中噙满泪水。

因为父亲的缘故，我的母亲也十分忙碌，我几乎没有和母亲一起悠闲地生活过，因此心中也有些寂寞。这段关于小狗母子的回忆，便与我的经历重合在了一起。

无论是父亲还是母亲，真的都很忙碌。我一直在姨母和佣人的照顾下长大。

那时，我每天做着一样的梦，梦见自己被母亲带上列车，不知前往何方。

我从噩梦中惊醒，意识到那是梦才能安心。我还能听到人说话的声音传来，便用双手捂紧耳朵，闭紧眼睛，努力地继续睡下去。

每天过着这样的日子，母亲因为过度操劳生病住院了。

我变得越来越不喜欢说话，每天沉浸在自己的世界里，总是呆呆地抬头看着天空，在幻想世界中游玩。

父亲将家里的事情全都交给了母亲，他看到那样的我，心里真是不知有多难受。现在想起来，父亲也真可怜。

母亲的住院时间延长了。不知是谁提议，姨母、司机、父亲，还有我一起去旅游。那时候的事情，父亲只对我说过一次。

据说虽然在旅行，我却哪里都不想去，只待在旅馆的房间和姨母、司机一起玩，似乎也不怎么笑。

晚上我去卫生间时被反锁在了里面。旅馆的人前来敲坏门锁，我哇地大哭，走出卫生间，哭着哭着就睡着了。父亲看着我的脸，说："真是服了……服了……"然后轻轻地补上了一句："我才想哭呢。"

现在想来，父亲那时肯定觉得我很可怜吧。说到底他没有任何养育子女的经验，只能远远地看着孩子，无比苦恼。我现在才明白只要开始拍摄电影，他就会忘记一切沉浸其中，不需要担心他。电影是父亲的灵丹妙药。

现在体会父亲当时的心情，不能说是可怜吧。尽管他身材高大、威风凛凛，却因为幼年时期的我留下了痛苦的回忆，这让我感到难过。现在轮到我怜悯他了。

在母亲住院时经历这次卫生间事件之后，我慢慢地长大了，能够开始全面地理解父亲，与父亲的关系变得越来越亲密，可以聊到一起了。正因此，我现在才能如此回想过去。

母亲出院之后迎来的那个新年，我们一家四口难得地一起去温泉旅行了。

终于重新过上了安稳日子，有了些家的氛围，我变得开朗了些，对旅行充满期待。

但是，哥哥在旅馆的澡堂里滑倒了。他撞上了玻璃，伤势严重。晚上发生的骚乱将我从睡梦中惊醒，小小的我连起床都需要帮助，只能呆呆地看着大人们的一举一动。

第二天的深夜，旅馆的电话铃声又响起来了。母亲飞奔过去接起电话，听完对方的话之后，立刻趴在被子上哇地哭了出来。父亲爬起来安慰她。

之后发生的事情我记不清楚了。回过神来，我已经坐在起居室的暖桌旁，中庭对着的走廊上人来人往。之后，外婆的葬礼的镜头突然进入眼帘。

我的外婆是个长相端庄、充满幽默感与活力的人，父亲非常喜欢她，甚至想以她为题材拍一部电影。不，她身上的故事远不止一部电影，因为她是个非常有趣、充满魅力的人。她名叫加藤松枝，享年 64 岁。

接连遭遇疾病与不幸，便依靠搬家来换换氛围——黑泽家聚集着一群容易被氛围影响的人，因此当时立刻做出了这样的决定。

举个例子，在某个外景拍摄地点只要遇到过一次问题，父亲便很少再去那里。全家人在温泉旅行时去过的那家旅馆也一样，即便在那里创作过不少剧本，父亲再也没有去过。

就连曾经创作《虎！虎！虎！》脚本时去的夏威夷，父亲也说：“再也不想去了，因为会回忆起那时的事情。”

母亲也经常说“遇到那烦心事的时候是穿着这件衣服的，所以今天换一件”之类的话。我也继承了这样的性格，可这不是值得高兴的事情。

在我上小学二年级时，全家搬到了位于世田谷的松原。

父亲一门心思地思考应该如何布置庭院，期待着招待客人来新家，母亲也四处奔波做准备。

在松原的新家，我的房间按照父亲的要求，装上了粉色丝织窗帘，铺上了浅粉色绒地毯，还配有符合我的身材的小化妆台、抽屉等。总之，全都是粉色的，连墙上都挂着画布形状的粉色时钟。

他为了让我高兴，全心全意地设计了这个可爱的房间。那是个让我感受到童话般氛围的、甜蜜的女孩房间，简直就像做梦一样。

但是，我却独自坐在房间里，想着刚刚道别的、在狛江的朋友们，眼里满是泪水。

不知他们是否注意到了这一点，住得离我家不远的一位父亲的工作伙伴到某公司的宿舍找来了一个和我差不多大的女孩，带来做我的朋友。那位父亲的朋友大概是在宿舍的院子里向女孩搭话，然后对女孩的父母做了一番详尽的说明，才能够带着她来。简直是诱拐少女啊。

看到别人困扰、悲伤的脸就会立刻开始思考自己应当做些什么的特点似乎早已溶入了父母的血液，而继承这一血脉的哥哥和我至今仍是每天都在东奔西走。

与人的相逢是件奇妙的事情。那个女孩后来与牙医菊地先生结婚了，直到父亲晚年，菊地先生仍为父亲治疗牙齿，深受父亲喜爱。

在外景现场，牙痛起来真是不得了，父亲在工作人员的介绍下才去了牙科医院。从那开始，黑泽明摄制组与新宿菊地牙科医院就结下了不解之缘，组里几乎无人不知。

松原的家建在超过三百坪的土地上，一半是易于居住的洋楼，一半是以前建好的、按父亲的话来说“设计极好”的和式建筑。

明亮的蛋黄色光线照射进狛江的家，温暖的光线令人联想起美好的时代。松原的家虽然以灰色为主，我却觉得有着截然不同的跃动感。有这样的感觉，是不是因为预知了黑泽家即将掀起的各种波澜呢？

对拍摄现场有明晰的记忆，是从《天国与地狱》（1963）开始的。

父亲在说起拍摄现场的事情时，即便怒气冲冲，看上去却也光芒万丈。

横滨的一家充满不可思议的活力的商店，被毒品夺去灵魂的人聚集在像鸦片馆一样的街角……只是听父亲如此讲述，我便感觉像是在看电影一般，被深深地吸引了。这种心情就跟看了电影预告后，满怀期待等着电影上映的感觉是一样的。

到那时为止，父亲从未带我去看他执导的电影。我不知道是为什么。

我发自内心地期待他带我去看《天国与地狱》，但是没有实现。电影刚完成时便有恐吓、威胁，甚至有“要拐走你女儿”之类的言论。

因此我上下学都得由司机接送，我那时正处于喜欢玩耍的年纪，放学后连和同学一起玩球的时间都没有，立刻被带上车、送回家。我被禁止外出，除了学校哪都不能去。

但是，年幼的我并不知道其中缘由，于是就窝在自己的房间里过上了每天读读书、写写故事的日子。

某一天，父亲接了一个奇怪地电话。我好奇发生了什么事便坐在旁边偷听，却只听到他说：“你可别告诉我，你要做的是那种乱来的事情啊。”这一句话，听上去语气平稳、却有紧迫感。

“初雁二号上安放了炸弹。如果你不将现金装进包里带来，我可不知道会发生什么哦。”这次打来的，是真正的恐吓电话。

警察来了，说：“如果还有电话打来，请尽可能拖延时间。我们要追查。”说完这句仿佛刑侦电视剧台词一般的话后，警察在我家坐了一整天。

父亲本要乘坐那辆安放炸弹的列车，被警察制止了。警察去乘坐了初雁二号，但是并没有可疑的人出现。“从那趟列车发车到到达终点那会儿，活下去的心情都没了。”父亲对长大的我如此讲述。

没有比诱拐更卑劣的犯罪、想要让刑罚更重一些，带着这样的想法，父亲拍摄了这部电影，但是社会上却有“制作这种电影反而会助长诱拐”这样的言论，家中气氛一片阴沉。

《红胡子》开拍之后，父亲才有了些精神。

虽然当时完全没有感受到，但是日本电影界的活力仿佛退潮一般渐渐消失。在那时筹集资金是件难事，家中气氛凝重，令人心情不好。

我第一次被带去参加父亲的电影试映会，是在《红胡子》完成后。那时，我第一次看了父亲拍摄的电影。

电影让我非常感动，看得我扑簌落泪。但是不知道为什么，我慌忙擦干泪水，在灯光亮起时要假装什么都没有发生过。

家中每天都有各种各样的事情发生，我总是睁大眼睛，盯着大人们的一举一动。对于喋喋不休的大人而言，我只是个沉默寡言的小孩子，但我发现自己的感受能力实在是太强了。但是，若将情感转换为语言，我又不知为何会心生厌恶，便习惯将情感隐藏在心中。

我经常被别人问："不知道你的感想呢，真的觉得有趣吗？"

试映会结束后，我躺在房间的绒地毯上，沉浸在想要成为《红胡子》中的阿丰的想象中。父亲的脸突然出现在眼前。他问我："爸爸的电影看懂了吗？有趣吗？"

"嗯，看懂了。很有趣。"我回答道。我无法用话语表现充盈在心中的无数感想与惊讶。

父亲微笑着，看上去很开心，却说"你看懂了反而让我们困扰呢"，转而看向母亲。

从此之后几十年，我们虽住在一起，我却从来没有详细地对父亲说过我对电影的感想。我相信即便沉默不语，我们这对相似的父女的感想一定非常相合。

之后，《暴走机关车》《虎！虎！虎！》的制作计划渐渐成形，问题也接踵而至。

将人生奉献给电影事业的父亲身上的和家中的紧迫感——虽然多年来一直可以感受到，但是并不清晰，只能知其皮毛——如今变成了名为现实的怪物，出现在我们眼前。

直视它时的情景仍历历在目，因为有母亲作为缓冲，我成为了不得不支撑黑泽电影的、处于最末位的人。

在松原的家中流淌的背景音乐，是哥哥组织的民谣组合 *Broad Side Four* 的歌曲。充满活力的青年们齐聚一堂，彻夜练习。这股活力也挽救了我的父母。

在狛江的家中陪伴父亲喝酒的牧羊犬萨尼逃跑了。我伤心到极点，父亲便送给我一只小圣伯纳犬。但我想，最高兴的人应当是父亲自己吧。

这只名为“雷欧”的小狗有一张大脸，三头身的它就像毛绒玩具一样可爱，父亲在庭院里跑来跑去和它玩。想要忘记的事情、不想思考的事情，都在和狗玩耍的过程中忘却了。

我有时候回想，如果那时还年轻的父亲和现在的我能够对话，会谈论些什么呢?

父亲在想什么，又感受到了什么呢?

在遥远的彼方、被温暖的蛋黄色光芒温柔照耀的、处于日本电影黄金时代的狛江的家中，父亲是如何度过每一天的呢？他又在说些什么呢?

每次观看父亲留下的三十部电影，我总忍不住想要问父亲，不同年代的他内心分别充满了什么东西。虽然我认为自己可以理解，但是我想了解更多细节。

父亲有时会看着我的表情，对我说“如果你是男孩子……”，我本来打算问他为什么要这么说，但终究也没有问。也许亲子关系就是这样的吧。

现在向地平线远望，狛江的家闪耀着光辉，无比美丽。

比起问父亲当时如何如何，我更想通过父亲留下的电影去理解他，这是我作为女儿的心情。

亲子关系，就是脑袋不了解的情况下，也可以在心中互相理解的这样一种存在吧。我觉得这样就好。

第二章 不可思议的家族

我清楚地记得父母曾经这样说过：人在出生的时候都是天才。如果要让与生俱来的个性在成长过程中不受破坏，要尽力避免过度要求，能够天真烂漫地成长为大人就好。

他们也说过：孩子看上去什么都不懂，其实将一切都看在眼里，可以立刻看穿大人的雕虫小技。因为他们很真诚，所以可以立刻理解并提出中肯的批评，是最可怕的观众。

父母在我的面前尽可能地不吵架。无论是大事还是家庭生计，他们都尽可能地不让话传进我的耳朵。

可是孩子耳朵都很尖。工作人员、亲戚、哥哥的朋友们，我家中人来人往，常住的人也有不少，因此这些话自然就会飘到我的耳朵里了。

如果站在楼梯口的顺风处，就能听到下面的走廊上两个佣人的悄悄话："……昨晚，主人和太太吵架啦……"

在浴室的窗户旁，可以听到在门口扫地的姨母说的话。

家很大，所以大家说话时毫无顾忌。我的体格很小，不容易被发现，所以更容易听到消息。

我并没有故意偷听，但是家里每天都有各种事情发生，我自然而然地变成了这个样子。

父母注意到我正处于敏感的年纪，越是在我面前遮掩，我便越是好奇。

某天晚上，父亲以为我已经睡着了，便开始发脾气。安静的家中，不知何处传来东西破裂的声音。一阵嘈杂，我更是睡不着了。

父母本来打算遮掩吗？还是本来想遮掩，但表里如一的性格与生俱来，不知不觉中就越来越坦诚了。应该是这样吧。我在长大后渐渐喜欢上了两人身上这种颇不合常理的特质。

如同您的想象，黑泽明是一个强硬的人，母亲也是如此。无论是语气还是用词，两人都很强硬。但是两人又都是好人、很单纯，这点我一直没法理解。

父亲总是习惯用"笨蛋""混蛋"之类词汇，母亲则口齿伶俐地用江户女子的方式还击。于我而言，我能感受到两人之间的关系非常亲密，但是也有人认为太过分，转身离去。

因为在成长过程中耳濡目染，所以我早早明白了说话时要精确地表达含义，明确地理解对方要表达的内容并迅速回应的说话之道。

我虽然也曾经被抱怨说话语气太强硬。我可是在强硬的、个性十足的电影导演的家庭中长大的，语调会自然而然地突然升高。虽然我反省过，但如果对方习惯了，也有交流快速顺畅这一好处。

但是这种交流方式存在局限性，如果不是互相关心的或是目的一致的，抑或相互信赖、友情深厚的人，肯定行不通。

“过去，在买卖黄金的商人家里，孩子从小只能接触到纯金，天天赏玩，他们自然而然就能分辨金子的真伪。”父亲曾经在宴会上这么说。

“所以说啊……”但是父亲并没有将这句话作为名言。

某天，父亲对我说：“坐在这儿。”我们两人便在沙发上肩并肩坐在一起，一张接一张地听海顿、贝多芬、肖邦与莫扎特的唱片。“这是卡拉扬指挥乐队排练时的场面，设计电影中的演出场面时很能派上用场。”“他说，演奏这段的时候要有手帕轻飘飘地从天上飘下来的感觉。”父亲一边听唱片，一边将这些内容告诉当时还是小学三四年级的我。

还有一天，他抱着厚厚一沓书进了起居室，将书摊开。梵高、塞尚、伦勃朗、毕加索——父亲向我展示了许多画家的作品。他几乎一言不发，偶尔冒出几句短短的“这张画真不错”“颜色真好”，开心地看着看画入了迷的我。

关于衣着，父亲很挑剔，母亲更是挑剔。她可以为了买布料东奔西走到腿痛。绸带的位置、尺寸的细微差别、褶皱的位置、领口的大小等等，她的要求细致入微。

即便不是定制的衣服，母亲会对平时穿的衣服的配色、风格的平衡、质地的搭配等提出详尽的意见。

对于别人穿的西服、和服，母亲也会评论一番。布料的名字、在各种条件下穿什么衣服才合适、再到什么样的人穿什么样的衣服，母亲教会了我不少。因此我从小就想成为造型师或者服装设计师，现在担任电影的服装指导，根源想必就在这里。从父母那里听来的关于服装的各种知识，对现在的我而言都是无价之宝。

父亲曾经热衷于收集根来漆器，曾经说过他只对此颇有研究。瓷器、玻璃器皿、壶……他也曾有一段时间热衷于古代美术。现在几乎什么都没有留下来，因为这些都成了电影。

他对任何事情都有种执着，想要学习便将有名的古董商请到家里来，让他们展示藏品或是热心地向他们讨教。

一有空闲，他就与京都的古董商朋友一起看佛像与石塔、逛古董店，不断精进对古代美术的造诣。

对我和母亲而言，父亲的京都旅行也是能够逃离平日的繁忙、家庭欢聚一堂的时候，可以偷得短暂的平静。没有外人、只有家人能聚在一起的时间平时几乎没有，此时我可以独占父母，所以非常高兴。母亲也可以从家务事中解放一阵儿，显得充满活力。

秋天的京都天气凉爽，汽车驶向父亲要前往的寺院，路上可以看到美丽的澄黄色的柿子树，夕阳将树木染得通红。

我看着笔直的石塔和父亲魁梧的身影沐浴在夕阳中，这庄严肃穆的一瞬间虽然没有保存在相册里，但这份珍贵的回忆至今被我铭记在心。

我们打算在京都迎接新年，在古都独有的风土人情中度过了年末与年初。

平时本应已经睡着的时刻，母亲一边吸溜着作为夜宵的炸豆腐乌冬面，一边说明元宵节的装饰“小年糕球”的由来，从里面取出玩具给我。

母亲告诉我，八坂神社的苍术祭中，要用钻木取火的方式点燃放有苍术（它的根部放在正月的屠苏酒[1]里）的篝火，然后将火绳点燃，转动着绳子带回家。用这火种煮烩年糕吃，祈求新一年健康平安。

母亲在东京的时候忙得连说话的空闲都没有，现在将一件件事娓娓道来。这缓缓流淌的时间对我而言无比珍贵。

然而父亲在此时却很失态。

因为在东京时客人太多，父亲不得清闲。他本想在京都过几天清静日子，才提议说来这里。没想到到了住宿地，发现在一楼住着的人竟然是白洲次郎先生，两人不喝酒聊不出兴致。

不管是在那之前，还是从那以后，我都没有见过父亲醉成那个样子。那个黑泽明趴在榻榻米上的样子，既好笑又可爱。

母亲的眼睛变得有点接近三角形了。幸而这里的气氛轻松自在，母亲的情绪立刻好转，我长舒一口气。明明在这样悠闲的时刻应当好好关爱妻子，父亲真是一点都不聪明。

年轻时，父亲有一段时间曾热衷于爬山。

父亲一旦热衷于某事便会沉迷于此，像被附体一样全神贯注。但他是个有意志力的人，关键时刻便会将兴趣彻底抛掉。

然而，父亲到死为止都热衷于电影。

我突然想起父亲讲述过山与登山的魅力。

“要做好万全的准备之后才出门，这很有趣。一步步迈进时虽然会心想为什么非要吃这样的苦不可呢？但是看到美丽的花田，会令人眼前一亮；在被浓雾包围的丛林中行走，会有一种不可思议的心情。有时会害怕突然有落石。站在山顶俯瞰山下，一切辛劳都会

1 正月时喝的一种药酒。在甜料酒中加入山椒、肉桂、桔梗、大黄等等中药制成。日本的屠苏酒由中国传入，在平安时代初期作为正月的药酒被广泛饮用。

被忘到九霄云外。这样就又会想要爬山了。山，就是这样的存在。

“天气晴朗时、看上去可以轻松登顶的山，准备时也不可怠慢。即便准备得无比周全，却仍无法预料到会发生什么。”

“有时会遇到准备周到却没想到一下子就能登顶的山。”

“在需要长途跋涉的登山途中，默默地攀登陡峭的斜坡，那里会为你准备足以令人热泪盈眶的美景。有时还会在盛开的花中忘记时间的流逝。千变万化的山令人愉快。”

“爬山时筋疲力尽，有时甚至想要放弃，但仍盯着脚下，步履不停。也曾有心想着‘已经快到歇脚的小屋了！’却摔了一大跤的惨痛回忆。”

“无法放弃，虽苦尤甜……”

这简直就是黑泽明的人生。他拍电影也是这样。

父亲继续讲述爬山的故事。

“爬山会令人感到食物更美味，哪怕只是一个饭团都能令人胃口大开，所以我想要不要在爬山的时候吃日式火锅，一定会美味到极点。于是，我将锅具都背上山，做出来的火锅却不好吃。爬山时最应当吃的，果然还是饭团和腌菜。”

“有一首歌名为《不要迷恋登山的男人》，但也不要迷恋登山的女人。因为爬山时，双方会共同承担辛劳，情绪高涨，看对方越看越迷人。以后在城市里再遇到时，会无话可说呢。”

“谷口千吉导演曾经在山中看到过熊，他的故事很有名。在他的故事里，熊起初站在对面的溪谷上。第二次听他讲时，他说熊站在河滩上。以后又听他讲述时，熊站在了树的另一边。最后一次听他讲时，爬上悬崖、探出头，看到熊就站在眼前。每当听他讲述这个故事，熊的距离便越来越近。这个人确实有意思。”父亲如此笑着说道。

他想要成为一个更好的父亲，于是制定了每年暑假时前往箱根旅馆的定期计划。但是一到目的地，父亲便立刻去打高尔夫球，很难见到人影。但这个计划他坚持了两三年。

而母亲在那时总是疲惫不堪，短暂的休息时间什么都不想做，任凭时间流逝。

我感到无趣，便去给箱根宾馆小卖部的姐姐帮忙，以此作为休闲，或者呆呆地望着湖水，等待晚饭时间的到来。

父亲似乎非常喜欢这家有大正时代风情的优雅宾馆——晚餐时间会摇铃，服务生会来通知用餐，而且晚餐时要穿正装。

对于身高刚刚能从桌边探出头来的我而言，如此正式的晚餐令我感到痛苦。我被教会了刀叉的使用方法等礼仪的所有细节。

我曾想要取服务员手中篮子里的面包，但是没想到将手塞进了玉米浓汤里，羞耻地大声哭了出来。这段回忆对我而言刻骨铭心，即便是现在，每当眼前出现玉米浓汤，便能回想起那时的事情。

一家四口人聚集在一起，仿佛处于暴风雨的间隙、台风眼——这样的日子成为了现实。我曾怀疑是否真的有过这样的日子，回想历经的岁月，但是脑海里浮现出了昏暗的宾馆餐厅中、有一张桌子发着光的场面。

我认为自己的家非常普通。

也许我与朋友之间存在隔阂，我在上小学时经常被欺负，如果这些事放到现在肯定会引起骚动；但是我很早就明白自己生活在一个略为不同的世界。而且我读过很多书，明白人们各有各的想法，需要反省自己在哪些地方做错了，不要告诉别人、要自己处理妥当。我曾经做了一个笔记本，用来记录每一天自己有哪些事情不该做、哪些事情做得好。

晚上睡觉前，我想象屋顶上坐着一位穿着蓬松毛衣神仙一样的老爷爷。我一边问他为什么自己会被欺负，一边进入了梦乡。

我的漫画只有手塚治虫的作品。书架上摆着少年少女文学全集、托尔斯泰、陀思妥耶夫斯基、还有夏目漱石的作品。我想也许能从中找到答案，便拼命读书，因此常常睡眠不足。

孩子们的欺凌虽天真无邪，但太过直接。我的内心因此越来越封闭，开始沉溺在自己的世界里。

我能隐约地感受到父母的辛劳，因此没有告诉他们我被欺负的事情。时间一长，我便不去学校了。那时的我成了最近热门话题里那种“拒绝上学的儿童”。

我整夜整夜地做噩梦，害怕二楼有东西掉下来将自己刺伤，妄想一些根本不可能发生的事情，程度应该还比较严重吧。

我在内心描绘“向往着的少女时代”，并将它们写成故事，以此来支撑自己。父亲总用红色的铅笔认真地帮我修改放在桌上的原稿。

现在想来，父亲也许知道这件事，但是他从未强迫我去学校，内心的苦恼我也绝口不提。

那时，拯救了我的心的是画画。我和父亲一起决定主题，然后开始专心绘制。

如果今天要画马，那么我会忘记时间的流逝，画出几十张画。

父亲为每一张画起名，例如“苍白的马”“好友”“栗色皮毛”。我非常高兴，父亲似乎也很开心，看到我画画时认真的表情仿佛令他回到了童年。

父亲从未说过“这样画更好”“这里要修改”之类的话。

父亲觉得孩子们是艺术家，因此作为真正的艺术家，他肯定不会妨碍孩子享受创作的乐趣。

有过这样一件事。我得到了一张非常大的白纸，因此我以“百兽之王狮子”为题，忘我地将这张纸画得满满当当。父亲对这幅画赞不绝口，他一直收藏着这幅画直至离世。

有些跑题了。我出生之后看的第一部电影就是《猛兽》[1]。在影院里我口渴，学狮子哭喊着想要喝水，母亲听不懂我当时想要说什么，只能尴尬地抱着我，在影厅最后徘徊。

与父母一起去看《老人与海》时也一样。我生气地哭了起来：“为什么突然就天黑了？”大概是因为非常厌恶有人让我早睡吧。

据说我看《宾虚》[2]时，因为太激动，将坐在旁边的姐姐的脖子掐住了。

父亲曾在《蛤蟆的油》[3]中写道，黑泽家的人感情有些过于丰富，多愁善感，甚至令人感到有些愚笨。这让我想起我曾经拒绝去上学的其中一个原因，是我认为自己只能活到小学六年级。

---

1 《猛兽》（*The African Lion*）：是一部由 James Algar 导演的纪录片，公映于 1955 年，并于 1958 年在日本上映。

2 《宾虚》（*Ben Hur*）：改编自卢·华莱士的同名长篇小说。是由导演威廉·惠勒执导，查尔顿·海斯特、休·格里夫斯、杰克·霍金斯主演的民族苦难历史片。该片讲述了犹太人宾虚同罗马指挥官玛瑟拉之间的爱恨情仇及其反抗罗马帝国压迫故事。该片获 1960 年第 32 届奥斯卡金像奖最佳影片、最佳导演等奖项。

3 《蛤蟆的油》（*Gama no abura*）：黑泽明自传，1982 年首次出版，在书中世界级的导演黑泽明坦然直面过往的一切，人生的甘苦，艺术的感悟，流露于字里行间。

父亲非常喜欢富士山。在御殿场拍摄过很多次外景，后来在那里的小山丘上建过别墅。

别墅巨大的窗户就像一个画框，向外眺望时富士山就位于它的正中央。云彩千变万化，有时变成红色，有时变成蓝色，无穷无尽，在星星与街灯的映衬下显得明亮，在月光的照耀下更为注目。云彩的形状无时无刻不在变幻，深深地吸引着我们。

我们两人曾经从早到晚、不停地画富士山。“这张有点像梅原龙三郎的画。”父亲一个劲儿夸我。将画给要好的古董商看时，对方带走了一张。

后来父亲去拜访他，发现我的画被镶进了漂亮的画框，装饰在房内。

“那家伙肯定会在遇到困难的时候，对人说这张画可是难得的佳作，便宜卖了！”父亲在酒席上提起这件事，真令我害羞。

被这样夸赞，令我感到很开心，也更加自信了。

不用去学校，父亲便时不时给我一沓绘画用纸，我便在边廊整日整日地画画。

对这样的我，父母毫无怨言。因此，我变得想去学校。我从一年级开始上，最后幸运地毕业了。

父亲不知道我几岁，也不知道我在哪个学校上几年级。他每年都会问我一次，实在好笑。当然了，他从来没有去过我的学校。

我曾经以为自己只能活到小学毕业，但意识到这一点时，我已经是个中学生了。

环境变了，朋友也变了。因为太瘦弱而被称为“甘地”的我也变得胖了一点儿。

我有生以来第一次感到上学是件有趣的事。

上小学一年级的时候，我曾经因为老师没有说“可以回家了”，放学后一直坐在自己的座位上。教室里当然一个人都没有，我不知所措。就这么愚笨的我渐渐地长成了一个少女。

大概也应当归咎于血脉。面对身处的新环境，我想要塑造一个全新的自我形象，便将自己塑造成一个活泼开朗的人，开始与大家相处。也许是我把握住了时机，不，应该说是单纯地值得庆幸而已。

这一年，《暴走列车》的制作没能继续，但父亲开始拍摄计划了多年的《虎！虎！虎！》。

这次美国人为父亲提供拍摄资金。订金的数额很大，我家难得充满了活力，大人们说话的音调也提上去了，显得精神百倍。

从那天开始，直至拍摄父亲的遗作《袅袅夕阳情》为止，我感觉到只要电影开拍，家里便会突然变得热闹，灯光会变得比平时更明亮，显得家中富丽堂皇。

那年家里装饰的圣诞树比往年都大，三叠大的窗玻璃上画着圣诞老人。父亲的心情特别好，与《虎！虎！虎！》的制作人员一起杯酒言欢。被电影附体的黑泽明又开始活跃啦，正是这份精神照亮了我家。

我穿着新做的、红色布料上绣着金黄麦穗的连衣裙，玩游戏玩得很开心。也许因为经济状况好转，母亲终于安心了。她微笑着在客人间游走，看上去比以往年轻。哥哥和朋友们一起唱起了民谣，炒热气氛。那天的宴会一直开到深夜。

那时的场景切换间发生了什么，连父亲黑泽明都不知道。

我不怎么喜欢战争片。于是父亲收集了不少零式战机的照片给我看。演主角山本五十六的演员其实是新人，是个大公司的老板。他的家在大楼的顶层，用现在的话说是高级公寓，父母都称赞那里真是不错。新设立的黑泽制作公司在宾馆的一个房间里办公，打字的声音像机关枪一样轰鸣，英文的名字和句子回响在房间中。诸如此类的场景就像电影剧照一般出现在我的脑海里，又迅速消失。

成熟得比其他人晚的我，终于过上了同龄女孩应有的生活。和女孩们讨论高年级的帅男孩、流行的发型、美味的蛋糕店，聊得兴致勃勃。有点儿什么事便大惊小怪的女孩们聚在一起，咯咯地笑着歌颂青春的开始。

看我在学校的成绩，一眼就能看出哪些是我擅长或不擅长的科目。日语、作文、书法、美术不用学都能得到满分，但是数学……可能因为父亲的遗传，我一窍不通，总被老师责备。我想，好好学的话应该会有转变吧，终于对学习有了些兴趣，几何与生物便立刻拿到了满分。但是老师总批评我，说：“你是要收集最低分和最高分么？”

这种健康、正常的学生生活，某天突然变了。

当然，原因正是黑泽明这个人。

与《虎！虎！虎！》摄制组同行的母亲给我打来电话，让我马上去京都。

我不明就里地坐上新干线去了京都，回过神来已经到了某家宾馆。有人告诉我父亲正在开一个重要的会议。

我不记得自己当时吃什么了，也不记得自己做了些什么，只能想起父亲喝得酩酊大醉、睡在一旁。母亲则在旁边的房间里坐着。

我有一种不祥的预感，但是那天什么都没发生。

在某个餐厅的地下，我参加了圣诞聚会。我只记得大家称赞的粉色外衣，还有黑色天鹅绒上点缀着的缎带。有谁在那里、说了些什么，我全都不记得了。

最重要的父亲的身影，我至今也想不起来。他确实应当在场，但是我并不记得。

无论何时，只要父亲看到我便会开心地打招呼——“哎，和子！”父亲在离家很远的地方打电话来时，如果接电话的人是我，他会说：“和子那悲伤的声音会让我思乡，今后不准接电话。”能够说出这种话的父亲，现在竟然无视我。他究竟在和谁做什么呢？

我们搬到了某家高级宾馆。母亲坐在坐垫上，直勾勾地望着前方，对我说：“爸爸情绪不稳定，把宾馆的东西都摔碎了，所以我们不能在那里住了。”

但是在这里我仍然没有见到父亲。就这样过了一晚上。

母亲吩咐我：“快收拾行李。”

之后一阵慌乱，我们又去了位于岚山的旅馆。我和母亲两人面对面吃着饭。此时因为工作没能前来的哥哥打来电话，说：“妈妈只能拜托你了，要保持微笑啊。”

那时我仍不知道发生了什么，只能拼命找有趣的事情说。母亲虽然微笑着，但是什么都没有听进去，忍耐着当下的苦闷。

我说了句“去一下洗手间”便离开了座位。在镜子面前，我的泪水止不住地流。为了不让母亲发现我哭过，慌忙洗了把脸。

快到睡觉时间时，母亲边说“睡不着吧？”，边递来了威士忌。威士忌像药一样，不好喝，但我还是一口闷了。

我那时似乎听到了父亲和某个男人高声争吵的声音。母亲便抱着我，我能感到她的身体有些僵硬。她旋即叹了一口气。

因为喝了酒，我的视野一片朦胧，似乎看到父亲上楼去了。

早上起来，母亲打开行李箱，说："趁媒体还没来，咱们一定要换一家宾馆，总之快收拾行李。"

这场面简直像在电影里看过的一样。我将衣服连着衣架一起扔进了行李箱。

之后几年间，刻着那家宾馆名字的衣架一直挂在松原的家的衣柜里。每当看到它，我就会心头一震。

我没有看到父亲的身影，就坐上了不知去哪里的车。我想对母亲说"简直就像电影一样，会发生什么呀？"但是看母亲的表情，我立刻明白现在不是开玩笑的时候，便缄默不言。

我们被带到了高地的一座豪宅。主人领我们参观了庭院和家具，但我们并没有享受的心情。母亲敷衍地笑着应答主人。

究竟怎么了？我的脑海一片混乱，有一种仿佛在并非现实的地方演戏的感觉。

走进起居室，我看到父亲坐在那里，身体似乎小了一圈。那时说了什么、发生了什么，我全都不记得了。我神志恍惚，眼前一片白茫茫的。

然后，记忆立刻回到了位于松原的老家。父母为了处理失去《虎！虎！虎！》导演权的后事，非常辛苦。

那时记者到处追赶我们。我现在终于理解他们了，要解开堆积如山的疑惑、解明谜底，很是需要精力。

家中的气氛非常紧张。我完全不记得父亲说了什么，只记得晚饭时家中的忧郁气氛。

《虎！虎！虎！》究竟是怎么回事？当时黑泽家被疑云笼罩，又被卷进外界的臆测中。父亲虽然在记者见面会上说："到时候会真相大白。"但是真相究竟如何，至今无人知晓。

Rashomon case（罗生门事件）在美国已经成了法庭用语，而这次的事情正可谓是"在竹林中"[1]。

可以想象，关键在于日美双方对珍珠港事件的看法。巨额资金下，魑魅魍魉蠢蠢欲动，他们像鬣狗一样聚在一起，被一己之利所驱使，最终导致残局破败不堪。但是真相至今仍未揭晓。

此时流言蜚语满天飞。传言说黑泽明的精神状况堪忧，大家都在试图逃避自己应当承担的责任。

但是父亲很平静，甚至一点沮丧的心情都没有。他只是作为一个深深爱着电影的人因此事受了伤，而且很生气。

被称为"造梦工厂"的电影公司，靠贩卖梦想为生的电影人竟然沆瀣一气，父亲肯定因此感到心寒。

发生的尽是些不可思议的事情，也许会令您觉得这个家庭真是悲哀。但是我家就像电热水壶一样，可以突然沸腾起来，也可以突然消沉下去。也许毫不在意地将事情忘记，又能愉快的生活。这就是我们黑泽家的血脉。

如果被迫做某件事便无法活下去，爆发的情感总能让我们再度打起精神向前迈进。这样的活法，一旦开始便无法放弃，我想也许

1　指小说芥川龙之介的小说《竹林中》（薮の中），电影《罗生门》的原作之一。该故事从公堂上审讯相关犯人和证人为背景展开，以多人视角讲述了同一起案件。三位当事人的告白和四个目击者的证言听起来合乎情理，但放在整个事件当中，却又自相矛盾，使真相坠入戏言的迷宫，变得更加扑朔迷离。

这就是黑泽家的命运。

生长在这样的家庭，也许是理所当然，我也踏入了不良少女的世界。

现在经常可以看到，挑染的棕色头发、烫发、带破洞的短裙、涂成金色和银色的指甲、细眉毛、厚底靴。我虽然将自己打扮得引人注目，怎么看都是不良少女，实际上一点都没有反抗父母的意思。

父母都认为，打扮得符合自己心意就好，不要干预别人的个性和嗜好，不能用外表评价人，因此完全没有干涉我的选择。那时与主张个性张扬的现在完全不同，无论穿什么奇特的服装，人们都会认为像玩偶一样可爱并接受，所以我故意打扮成不良少女反而显得有些愚蠢。“像学生样儿”“不要被其他人在暗地里批评”之类的说教，父母从来都没有说过。我渐渐感到无聊。

学校指责我的短裙长度过短，但是母亲反驳说，“这么年轻、充满活力的大腿，现在这个年纪不露出来给人看，那什么时候才合适？”母亲自己就走在时代前沿，她将我的头发全部编成三股辫，用彩色发圈或者彩带为我设计发型，然后一起出门。父亲完全不知道应该如何管教女儿，便双手投降，将责任全权交给了母亲。

关于学校的学习，父亲曾说：“虽然学校教育对训练大脑可能有用，但是不能一味灌输。做学问的关键在于掌握知识与方法，与你现在的学习不一样。开始追求自己喜欢的知识时，无论多少都能熟记于心。如果不想学习，那么学校的课程不学也可以。”

我在上小学时对数学一窍不通，因此被学校的老师叫到了办公室。“当爸爸的有时候也该说说孩子啊！”母亲如此命令父亲。于是父亲进了我的房间，说："你的数学成绩似乎不好啊。我也学不好。虽然你妈妈让我来说说你，我才过来，但是数学也是对头脑的训练。虽然我认为拼尽全力去做自己喜欢的事情就行，不过你试着努力学一下数学吧。"父亲快速说完这番话后，便匆忙离开了。后来，我看着说“四十四减三十三等于十”的父亲，心想，他这个样根本没有办法教育我嘛……

无论那之前还是之后，因为学习而找我谈话也就那么一次——如果这能算得上是谈话的话。

《虎！虎！虎！》拍摄计划流产后的第二年，父亲的第一部彩色电影作品《暴走列车》开拍了。

日本的电影业仍然保持下滑态势，很难募集到投资，不得不靠低预算来制作影片，因此更要下功夫。但是父亲从这辛苦中找到了乐趣。

他每天乐呵呵地前往填海造地形成的外景拍摄地。

“把那边的木板捡来，涂上红色或黄色什么的，看上去就有感觉了。”

父亲只要一提到现场，脸色便会好得像刚沐浴过一样。

他像是拥有一颗童心一般，不，他确实拥有一颗童心，这令人感到喜悦。

《暴走列车》在日本的上座率并不怎样，但是在欧洲好评如潮，影迷们寄来的信堆得像小山一样，父亲喝酒的兴致越来越高。

《暴走列车》上映第二年的十二月十二日早上，我睡得正香。

“您父亲出大事啦、您父亲出大事啦！”

佣人老婆婆找不出其他的话，呆若木鸡地站在一旁重复着这句话。

父亲自杀未遂。

父亲倒在中庭的走廊上，身上裹着毛毯。

他的手臂被包扎着，为了能让担架通过，桌子被搬走了。有人站在门口等待救护车。平时为了父亲的电影而每天准备的工作人员居然在这种场合派上用场。

狗四处奔跑。老婆婆们喊着：“狗、狗！”不知有谁生气地喊：“别管狗了！”

这时候哥哥最值得依赖。他可以冷静地思考问题。

下午去看望父亲，他很精神。

可母亲却因为受惊而倒在地上。

得知父亲平安无事，哥哥便走了。我喜欢他这一点。只要不影响大局，怎样都可以。我欣赏这种干脆利落的思考方式。

记者蜂拥而至，也有不少人因担心而赶来。

甚至有记者爬到了邻居家的屋顶上，我家前门和后门被记者围得水泄不通。电话铃声响个不停，连我都得一起去应对。

“不能告诉您医院的名字。现在什么状况都不知道，之后会开招待会。”这些话全都是为了让他们早点回去、早点挂电话而想出来的托辞。

赶来的客人们面带沉痛的表情，低声交谈。

因为父亲很精神，这波骚乱，他只觉得像平时开宴会、过节一样。意外的，我也毫不在意。

虽这么说，但是《虎！虎！虎！》事件与这次事件都发生在十二月，到现在为止我的十二月恐惧症仍未治好。

父亲立刻就出院了。大家都勉强自己，想要让每一天普通地度过。我家本身就算不上什么“普普通通”，但总之我们顺其自然地过着每一天。

自杀的原因是什么？大家可能会这么问，其实就连他本人也不清楚吧。

黑泽家的血脉中流淌着情感过多理性不足、敏感善良的血，纤细且愚蠢。父亲曾经这么写过。

日本电影界的不景气、不堪重负、江郎才尽……这些理由都被外界猜测过了。

我认为父亲多年来一直作为前锋不断努力，十分辛苦。这样的想法不被外界理解，我因此感到些许寂寞。

虽说如此，我仍认为他做了不该做的事情。

如此强大的父亲身上，有如此软弱的一面。

温柔即为坚强，难道不是吗？

我努力搜寻那时的记忆，想起父亲直到那天之前，每晚都会想吃三明治、奶酪面包来当夜宵，而且食量惊人。我清楚地记得，只有在自杀未遂的前一夜，他对正要做奶酪面包的我呆呆地说他没有胃口。

只能想象出，他在一瞬间不知为何而动摇了。

电影界的风云变化莫测，黑泽明也因此一蹶不振。

俗话说的好，钱尽情亦绝。

状况好的时候，有人会说“脚朝着老师的方向就睡不着”、“能见到老师真是荣幸至极”之类的奉承话，这些人频繁来访，还会带着珍稀的东西。他们现在假装什么都不知道，睁一只眼闭一只眼。

十七岁的我明白了人世间尽是些这样冷酷无情的东西。我开始厌恶大人，他们简直令我反胃。他们给我留下了不少难以释怀的回忆。

比起家中的波澜，反而是他们为我带来了心理阴影。

现在的我也是一样，看到遇到困难、伤心的人，甚至可以完全不理会自己的事情，无论如何都想帮助他们。这多亏了父母的血统，但也与这件事有关。

虽然如此，可要是遇到说着“真可怜啊”“太糟啦”握握手的人，我也会感到困扰。

正如父亲电影里的台词：我不喜欢可怜的人。

在黑泽家中发生的事情，被我全部消化，成了营养物质，然后吸收，变成了体力。

现在，我五岁的儿子正吵着和我玩猜谜。“妈妈，闭上眼睛。我在跳吗？还是没有在跳？猜一猜。”

即便我闭着眼睛，也能听到咚咚声，所以他一定在跳。

多可爱的人啊。

父亲也是，和他这个外孙没两样。

活得很笨拙，离世时也很笨拙。真是我深爱着的、可爱的父亲。

第三章 黑泽明爱着的女人们

我在昭和十五年（1940）上映的电影《孙悟空》[1]的画面中，发现了母亲的身影。

父亲当时是这部作品的主助理导演。我猜父母大概就是在这时认识的吧。

母亲被称为“哈利宝小子”，是一个精力旺盛的女孩。听说“哈利宝”是一种提神的药品，我并不清楚。也许是像维生素、营养剂之类的东西吧。

父亲是个有些害羞的人，他几乎不说母亲年轻时的事情。

“她曾被起外号叫‘新土豆’，是个很要强的女孩。”父亲坐在长得很像年轻时的母亲的我面前，似乎想起了什么，便如此说道。

---

1 《孙悟空》（エノケンの孫悟空）：由山本嘉次郎导演的奇幻喜剧电影。主演榎本健一（1904—1970），是活跃于二战前后的日本喜剧演员、歌手，有“日本喜剧王”之称。

但是他会立刻转换话题。

我从来没有听说过父母是在哪里如何相识的。

听他们说结婚的理由，两人的理由完全不同，十分有趣。是因为真正的原因不方便说出口呢，还是因为两人互相牵制着对方？现在已经没法确认了。

父亲的理由是："曾经有个叫森田（信义）的制作人劝我说，你在这里的生活很辛苦，然后让我去追你妈妈。"

母亲的理由则是："他当时给我写了很多情书，还来到外景地找我。和我订婚的人被要求加入特攻队，后来死了。因此，那时的我已经无所谓了，就答应你爸爸了。"

问这种微妙的事情，时机或许很重要。而要让两人说实话是最难的。

我问的时候，他们已经结婚几十年了。其中一个人出生于明治年间，一心埋头工作。另一个人则服侍繁忙的丈夫有一段时间，已经感到不耐烦，所以我没能听到真心话，只得作罢。

将活着的人的证言综合起来，便有了这样的故事。

母亲那时确实有未婚夫，也确实在战争中牺牲了。父亲似乎也曾有交往过的女友。

在拍摄《最美》时两人相遇了。一个是导演，一个是女演员的代表，两人接触的契机竟是一场争吵。

为了让影片更真实，父亲让扮演女工的演员们住进日本光学公司的宿舍里，并要求她们像工人一样劳动。女演员们当然会不满。

要强又顽固的两个人真是相似，发生冲突时一定要有其他人劝架才会收场。据说就在这反复的争吵中，两人的关系渐渐亲密起来。

两人本身都很要强，最害怕一批评就变得软弱的人，还有说话絮絮叨叨、或者一言不发的人，因此我想他们很合拍。

父亲不仅迷上了母亲，也迷上了母亲身处的现代、爽快的家庭氛围。

我的母亲矢口阳子，本名加藤喜代，大正十年（1921）出生于上海。

她的父亲加藤照吉在昭和天皇还是皇太子时，曾经随行一起访问过欧洲，是日本邮船的精英乘务长。母亲松枝有一双细长的眼睛，是个被称为“神户小町”的绝代佳人。

我的母亲出生于上海的豪宅，是五男三女中的二女儿，是个被过度照料的疯丫头。

那可真是一段美好的时光，十几个仆人照顾着她，在幼儿园里吃午饭时会有阿姨和厨师赶来现做热腾腾的饭菜，可谓是奢华的生活。

我那个被称为“神户小町”的外婆松枝因为再三请求才同意下嫁，当时和日本人的妻子们一起做玩偶、写短歌、跳日本舞、学习茶道，过着优雅的每一天。在那时的中国，日本人正成为特权阶级。

外婆虽然生了好几个孩子，但风采不减，是一朵交际花。在航船上也一直参加宴会，据说在变装舞会上扮成艺伎的外婆美得令人窒息。

刚起床时会有仆人将早饭端来，她虽过着这样仿佛电影一样的生活，但世间风云变幻，昭和初期，她回到了日本。那时候的外公似乎已经是一个财力颇丰的资产家了。

母亲从小就是个疯丫头，如果妹妹在学校里被欺负了，就会带着两三个手下去帮忙。她有一次甚至在铁道正中间跨坐在了一个男孩子身上，用装草鞋的袋子抽打他，引发了大骚动。

姐妹三人一起洗澡时，必须说“女神大人、女神大人，请赐我一杯热水”，她才会帮忙加热水，必须请求说“女王、女王，请让我洗澡”，母亲才会让两人一起洗。三姐妹中年龄较长的两人直到去世时都很亲近，提起这样的陈年旧事时，会说：“喜代总是显得威风凛凛……”这三人仍旧如同孩提时代一般天真无邪。

就是这样，母亲总想成为孩子王，她四处惹事儿，因此经常被训斥。三人一起用化妆台时互相争抢，母亲总坐在正中间。正当要出门时，母亲会突然改变心意，不出去了。据说母亲就是这么个任性的女孩。

她就这样忍耐着支持父亲，一晃几十年过去。虽然有时难以忍耐，但是要强的性格让她克服了痛苦吧。

母亲曾不小心袒露心声：“和那个人一起生活，因为我小时候真的很幸福，所以才能忍耐下最难熬的时候。长远看来，大家的人生都一样，时好时坏，平均下来处在正中间。”

母亲的兄弟姐妹中，现在只有小姨还在世。她回忆道：“有一天，喜代命令我们绝对不能进房间。过了会儿，她高喊着‘我是杰罗尼莫！’冲了出来，脸上画着红色和蓝色的条纹，头上插着羽毛，手上拿着鸡毛掸子，故意用怪声儿唱歌，而且跳着舞。我那时候觉得这人真傻，根本没法交流嘛……”她说着说着哭了出来。

这位姨母加藤照子每天早晚都会供上水和米饭，对着外公外婆哥哥姐姐们的照片说话。

话多得说不完，这也许是因为她生活在一个充满欢笑的家庭里。

小姨现在也与这个家庭的回忆幸福地生活在一起。

照子姨母每天要供奉的照片里现在又多了一张黑泽明的照片。她说："来了个大人物呢，只能委屈他了。要是他每天嚷嚷着想吃牛排和刺身，我会为难呀。"

她每天会对着照片上的人一个接一个地聊天。"和子感冒了，不好好关照她不行呀。"因为她对着照片大声地说话，如果被不知情的人看到，肯定会觉得她有些奇怪吧。

诚心诚意信奉神佛的小姨，不仅是神佛，见到大黑天、土地神都会对他们说"求求您照顾和子、求求您照顾和子"，所以被她恳求的神明们肯定会觉得她真唠叨。连我都不好意思了。

小姨真像个小孩子。父亲曾说过："这些成长没有受到挫折、天真烂漫的姐妹，没嫁人之前应该过着非常幸福的生活吧。""和你们在一起，我快疯了！"父亲虽然这么抱怨着，但是他特别喜欢母亲的家人们。

她们年过五旬还会说这些话。"我去看了月球上的石头喔，竟然不是黄色的。""'Buffalo'（水牛）是一种鸟吧？""苏联属于俄罗斯，还是俄罗斯属于苏联？"就是这样讨论着这些问题的妻子和她的姐妹，父亲会批评她们是笨蛋，却也总是当下酒菜一般享受着。

父亲向母亲求婚的那天，母亲立刻和姐妹们商量："黑泽向我求婚啦，我不知道该怎么办呀。我正为一个大问题发愁。"问及是什么问题，她说："我第一次看见他坐着的背影，发现他是个秃头。怎么办呀？"姐妹们似乎聚在一起，为此烦恼了一整晚。这不就是她们笨的地方吗？她们竟将秃头视作人生选择里唯一的问题。

母亲一家人住在一间有高大樱花树、充满大正风情的宅邸里。

外公预感到战争即将发生，于是将财产都换成了金银，却有人引诱他做期货买卖，据说家财因此损失了一大半。

外公是个难以拒绝他人请求的人，尤其无法抗拒女人的请求。他将钱借给了不少人，但都是有去无还，这就是结果。

外公是个出生在四国的汉子。他的性格一板一眼、极度认真，与外婆完全相反。身材也四四方方的，脸和体型酷似《德尔苏·乌扎拉》的马克西姆·蒙祖克。

一边听外公讲述航海生活的传奇故事一边喝酒，父亲感到很享受。其中还有一些异想天开的、关于外婆的故事，我非常喜欢。

在上海时的某一天，外公和他的同事们与艺伎玩得有些过于尽兴，他们的妻子埋伏在山丘上的小屋内，等着他们回来。“大和抚子”们齐心协力，头上绑着头巾，手执扫帚，全副武装地偷袭丈夫。真是绝佳的一幕。

母亲的娘家位于东中野，院子里有一棵大樱花树。父亲时不时会去那里看看。那个有着欧式厨房的家中总是充满了活力。

虽然三姐妹的美貌不如松枝外婆，但是她们三人颇受欢迎。从庆应大学的贵公子到棒球选手，还有母亲参加的歌剧团的成员，各种各样的人齐聚在这家中谈笑风生。

可是在我的父母结婚后不久，东中野的家被烧得什么都不剩。

战争局势愈发紧张，大家开始讨论疏散的事情。外婆松枝固执地不愿听。“士兵明明豁出性命在前线战斗，我们逃跑像什么话？”她说这番话的时候简直像日本母亲的代表。但她每天打麻将、开宴会，还被防护团警告过呢。女儿们问她哪个才是真心话，她却坚定地说两方都是。

东中野的家被烧得一干二净，只剩一个石头做的水缸。外公盯着自家的废墟，泪流满面。外婆却说，只要命还在，就留了种子。对此毫不在乎的她依旧显得很强势，立刻动手挖埋在废墟下的东西。

那时我的父亲来了，他将东西全都放在平板车上，说："我把这些运走，你们先坐小田急线去我家吧。"说罢便拉着车走了。据说途中车胎爆了、手把掉了，真是不得了，可是父亲到家时脸上满是微笑。这事可以看出父亲温柔的一面呢。

虽说如此，可是我想起来那个与平板车恶战、作为一个无名之辈为妻子的家人而努力的黑泽明时，他的身影便会与晚年时说"老百姓求生最为不易"的黑泽明重叠。我不由得想，如果他作为一个普通人活在世上，会更幸福吧。

在战后的混乱时期，父母和母亲的家人辗转生活在各个地方。直到狛江的家建好后，大家才终于能够住在一起。

与大家一起生活便可知晓，母亲的家人们打心底里开朗活泼，尽是些有趣的人。父亲变得越来越喜欢他们，他曾经对我讲过这样一些故事。

只要回到家里，母亲和她的妹妹就会乘着唱片的音乐节拍一起跳舞。外婆端坐着，像看演出一样专注，说："跳得真好，真厉害。"并且为她们喝彩。父亲笑着说："我怎么和这样一个人结婚了呀。"

还有一次，父亲和母亲一起去银座，街上四处有男人们向母亲打招呼："老板娘！老板娘！"父亲问母亲这是怎么一回事，母亲说这是因为结婚前在银座一带认识的人很多，游玩时曾经将寿司店、滑冰场整个包下来。母亲越说越起劲，告诉父亲这里有不少有意思的人，为听得云里雾里的父亲介绍了各行各业里的特别的人。这些事后来都被父亲拍进了电影里，事实就是这样。

某次父亲从居酒屋回来时提着一盒点心，外婆说着“我们正要吃寿司”，便拿出小碟子倒酱油。父亲吃了一口外婆做的炖菜，刚说出“有点儿……”，外婆便将一锅炖菜都倒进了垃圾箱。父亲评价外婆是个“极度活泼、爽快的粗心鬼”。

外婆过惯了富贵日子，即便外公没什么钱，仍会要求女儿们去学应该学的事情，兔年穿有兔子图案的和服，奥运会时为了让三姐妹也感受到参加的意义，为她们做了带有五环标志的新连衣裙。

母亲小时候，最小的妹妹回到家里发现家里遭到小偷洗劫。心想要快点联系外婆，便给外婆的朋友打电话。电话那头果然传来了哗啦哗啦的麻将洗牌声。外婆说了一句“我知道四月一日是愚人节，我很清楚。不行，我手头还有事情”便“啪”地挂断电话。没有办法只好去找警察，当被问起“妈妈去哪儿了”的时候，真是感到为难。

据说之后外婆向警察道歉，说“真是抱歉，我那时候有脱不开身的要事……”，同时狠狠地瞪了女儿一眼。

还有两个关于外婆和小偷的故事，都令人难以理解。

某天，家人都安静地睡着了。外婆感到有些不对劲，便去看了看走廊——有个小偷在那里！因为当时挂着蚊帐，心里也慌慌张张，她一不小心走到了小偷身边。

松枝外婆在路过他人面前时，会习惯性地微微鞠躬。所以她在经过小偷面前时低下头说了句“失礼了”，之后去叫了儿子过来。

儿子跑出去追小偷，过了会儿外婆惊恐地走出房间，却发现儿子正在和小偷聊天。儿子说，这个小偷家里也出了不少事情。外婆说：“这儿子真奇怪！”我很想说这难道不是因为血缘吗？

松枝外婆的妈妈曾经用晒衣服的竹竿捅逃到屋顶上的小偷的屁股，同时说：“小偷先生，小偷先生。我不会抓你，屋顶太危险了，快点下来呀。”这件事情也成了流传下来的笑谈。

回到原来的话题。有一次，母亲从楼梯上摔下来时手中恰好拿着红色墨水，摔着的时候洒了出来，外婆竟然因此将救护车叫来了。

外婆非常喜欢看戏剧表演，有一次她带着姨母一起，心想今天大手大脚地花一笔比较好。于是就把手表带到了当铺，出来后说：“吃点好吃的再出发吧！”

外婆曾经派儿子去艺伎那里讨债，可是这儿子去了就没回来。外婆生气地去找他，却发现儿子在雨中和艺伎撑着一把伞、拎着和服下摆一起走来。“你看看，这两人看上去挺不错。真是个好男人，我就不去扫兴了。”外婆便回家了。

后来，要求这个放荡儿子入伍的征兵令来了。外婆说着“无论如何一定要回来”，将儿子送走了。可是儿子却留下了一句：“我是个急性子，肯定会第一个往前冲啊。”后来，他真的成了不归之人。

“这叶子很像紫苏叶啊，没关系。”外婆说着便开始炸天妇罗。也许是因为吃了这叶子，父亲说话时发不出声音了，外婆却无所谓地说了一句“啊呀，真是对不起”便了事。

外婆去附近的医院看病时，护士小姐每次拿草鞋来时，都要对她说：“这不是给老奶奶穿的哦。”有一次她回家时，竟一只脚穿着木屐，一只脚穿着草鞋。

就是这样一个仿佛电影角色一般的外婆，父亲对她非常有兴趣。父亲曾经好几次说过想要将外婆的故事拍成电影。

“和她一比，外公可就没那么有趣啦。”这样说其实不太合适，但是外婆的存在感实在是太强了。

照吉外公特别疼爱我这个唯一的外孙女。据说因为害怕外婆训斥他，便偷偷地在没人的地方抱着我。

外公卧病在床时，将我得了奖的书法作品贴在床前欣赏，直到去世。

我去松原的家中玩耍时，因为喜欢钓鱼而将脸晒得黝黑发亮的外公，满面笑容地对我招手，身影消失在拐角，这是我对他的最后记忆。他是个寡言少语却非常棒的外公。

因为女儿嫁到了一个繁忙的家庭，无论是外公还是外婆，两人都拼着命地帮助我们——外公负责整理院子，外婆帮母亲做饭。

搬到松原之后没过多久，两人相继离开人世。我想，母亲心中一直感到非常遗憾吧。

母亲喜代也是黑泽家庭中，一位大度的好母亲。

她刚嫁来时，因为从小受保姆的照顾长大，什么饭都不会做。她确实是个会为了测试锅里的水温而将手伸进去的媳妇，但是为了不输给黑泽明，买了不少烹饪教程来挑战，渐渐成了烹饪的行家。

狛江的家像一座旅馆，每天都有不一样的客人来来往往。

为了节约钱，母亲一大早就去鱼市。

到了下午就要开始准备晚饭。这些仿佛从烹饪书里跑出来的佳肴接连不断地端上桌。我至今记得那些饭菜的样子，但是不记得自己曾经吃过。“我拿着刀子的时候，不能伸出手。”虽然母亲这么说，可我总是缠着她不放。如果连着几天都有客人来，母亲很难一边照顾我、一边做饭。所以我总会被阿姨或者仆人带出去散步。

那时从家里直到多摩川附近的道路两旁都还是农田。茶园里鲜花盛开的时候，我一边唱着“果实在哪里”一边走的那条路的旁边，到了秋天时便会有曼珠沙华长成一列。不知道它的根部究竟是否有毒，阿姨警告我说摸了它会发生可怕的事情。

父亲经常说：“用鬼怪、迷信去吓唬教育孩子不好。”虽然这样，可我实在是个令人操心的孩子，因此父亲曾经吓唬我说：“在下雪天不听话的女孩子，我会将她放在外面冻死。可是你太可爱了，我把你像人偶一样装在盒子里冻着吧。”这话吓得我发抖。

到了春天，我肯定会去找细柱柳。经常做梦的我直到长大了，仍然相信银色的、轻飘飘的柳絮团儿如果变大了，会变成小猫。

母亲在一年中一直为父亲的事情操劳，还曾经因此长期住院。所以直到住在松原之前，母亲对我而言是个遥不可及的人。

所以哪怕只能在母亲身边待一小会儿，我就会特别开心。

在感冒生病时可以尽情地向母亲撒娇，所以我那时总说话说不停。

樱花开的时候，母亲用小锅做了米饭，然后像过家家一样铺上红色毛毯，再将小餐具摆成一排，之后才开始观赏樱花。

母亲无论做什么都很用心。这也许就是风雅吧。给人钱的时候会用漂亮的钱袋装好。就连给附近的小孩点心时，为了让他们开心，会将包装纸绑成包袱状再给他们。

所有的事情都是这样。哪怕只是送一件小礼物也不会应付，会想送什么才合适，即便要花时间也会去准备。

她本就是个喜欢让他人感到高兴的人，所以照顾父亲时也很认真。

当选举车大声放着广播经过家附近，父亲会立刻打开窗子怒吼：“混蛋！够了吧！吵死了！”母亲便会立刻扯扯父亲的衣角，安慰他说：“大家都知道这里是黑泽明的家呢。”然后慢慢地将他带到厨房，将鱼店卖的盐渍小食盛在小碟子里，又将冰镇啤酒倒进大杯子，便将这些摆上桌，边说：“这是从青森送来的，据说特别好吃。”父亲不懂食物和酒的好坏，酷暑的烦躁便立刻烟消云散，又开始讲电影的事情。这算是善意的谎言吧。

母亲曾说：“佳肴配美酒，再加上技巧高超的按摩，这样他就是我的人啦。”

让父亲不生气、高高兴兴地去片场，开心地拍好电影，这是我家的一大课题。“因为以此为生，所以让家一直是个大家聚在一起的地方就可以了。这和服务业差不多。”这句话中仿佛可以看到母亲的坚定意志。

无论在多么困难的时期，为了维护父亲的自尊，这个强悍的母亲不惜卖掉了戒指、卖掉了古董，甚至卖掉了土地。在此为了母亲的名誉，我必须声明：卖掉松原的家时，有些周刊杂志报道称这是因为母亲铺张浪费。然而真相毫无疑问是为了还清拍摄《红胡子》的债务。

家里每月要给肉店交上百万日元。母亲对税务局的人说：“这难道不是交际的费用么？”可是税务局的人反驳说：“不可能吃这么多肉啊！”母亲接着气势汹汹地反驳：“那请您来一次，让您尝一尝这辈子没吃过的、美味的肉！”之后便回家了。

后来税务局的人没有继续纠缠，将我家评为优秀纳税户。母亲将税务局的信封上写着的“祝”字改成了“税”。母亲明明为纳税感到头疼，到了如此地步却仍想要在其中寻找到一些乐趣。

母亲是个非常强势的人。某天夜晚，她在回娘家时被一个男人尾随。她停下脚步，那人也停下了。母亲立刻转身抓住了男人的手臂，说：“我家就在前面，你想要什么一起去拿吧。”说着便拉着男人向前走。据说那个男人哇地大叫一声，逃走了。

叔叔在父亲不在家的时候，和混混们起了争执，被带走了。母亲丝毫不理会他人的劝阻，跑到了混混的家里，咚咚咚地走上楼梯，然后唰地打开拉门寻找叔叔。据说那些可怕的混混目光呆滞地站在一旁。母亲是个身高不到一米五的矮个子女人，做事竟然像个少女一样，这令他们感到惊讶。

“趁黑泽明不在的时候把人拐走，这让我的脸往哪儿搁！”母亲威严地训斥混混们。混混的老大非常佩服母亲，放叔叔回家时甚至给了他伴手礼，母亲真是了不起。

父亲讲这些故事的时候，简直就像在讲自己的丰功伟绩。我想他一定喜欢母亲的这些特质。

无论有多辛苦，总能像个少女一样不将事情放在心上，令人怜爱。

父亲不擅长买礼物，甚至连长年生活在一起的母亲的三围都不知道。某次他给母亲买了一套两个母亲都能塞得下的衣服。母亲一句抱怨都没有，反而穿着它对大家说：“哥哥姐姐，快来看看！这件能塞下两三个人的衣服！”她边说边跳起舞，真是个打从心底里乐观的母亲。在场的人都捧腹大笑。

不知道母亲是否晓得父亲是奥黛丽·赫本的狂热粉丝，母亲在紧身短裤上配了件毛衣、将头发梳成小男孩的样子，还模仿赫本常穿的纪梵希的设计，做了衣服。

大翻领流行的时候，母亲穿上玫瑰粉色的西服，戴上宽檐帽。微笑着的母亲真美啊。因为看上去太年轻，某次牙医甚至问她：“你是黑泽明的女儿吗？”父亲的牙齿虽没什么毛病，却特意去了那个牙医的医院，留下了这样一件趣事。

父亲去摄制所时，前来迎接的车破破烂烂的。母亲立刻给卖进口车的店打电话，说：“请立刻送一辆奔驰来，钱我已经准备好了。”她生气地说：“他们把孩子他爸当成什么了！他可是为了日本电影辛苦工作到现在啊。”后来训斥摄制所的人：“不要让黑泽明丢脸。我们自己准备车。”

某天，父亲和母亲睡在一起，母亲突然拿起枕头狠命抽打父亲。父亲睁大眼睛，说：“吓了一大跳啊。她说在她的梦里，我干了坏事。这是我的错吗？”父亲一脸的莫名其妙。

还有一天，母亲突然把存折和姓名章交给父亲，说了句“你随便吧”之后便将自己关进了房间里。父亲不知道发生了什么，他甚至从来都没有去过银行，不知所措的他烦恼了一整晚。

可是到了第二天，两人仿佛什么都没有发生过一般，两人一如往常地“喜代子啊”“孩子他爸啊”互相称呼，似乎什么都不记得了。真是的，这可不是开玩笑的事啊。

我十多岁的时候，两个人曾经严肃地对我说：“坐在这儿。”然后我坐下了。“如果我们离婚了，你怎么办？”他们问我。我说：“结婚是你们两个人定下来的，两个人就算离婚了，爸爸还是爸爸，妈妈还是妈妈。如果要离婚，你们两个人自己想吧。随便。”

第二天，两人又像平时一样普通地过日子。这究竟是怎么回事啊？

家中添了孙辈之后，母亲无比幸福，总找理由将孙子们聚在一起，是个宠爱子孙的老太太。

父亲稍稍对孙辈们有些不满，母亲便会立刻生气地训斥他。因此，从那时开始，父亲在家里的脾气变得越来越好。

《乱》开始拍摄的时候，母亲的健康状况恶化了。

因为我是个开朗的人，去医院看望母亲时并没有担心。可是那时偶然遇到了将母亲介绍到这家医院的老相识，他也是位医生。

他说了一句："状况不好啊。"听到这话，我的脑海一片空白。我心想是不是听错了，然后回到家里。

父亲那时在外景拍摄地，哥哥也因为工作不在家。医生不可能对一个小女孩说明病情，我想医生也很为难吧。

几天过去了，医生看来探望的人只有我一个，便下定决心对我说："我对你一个人说这件事，不知道行不行……"我说："我已经有两个孩子了，已经是大人了，请告诉我吧。"医生似乎将我当成小孩子，因此我这么告诉他。

我完全不记得自己开车回家的经过。回过神来，我已经到了堂兄弟家附近。因为一个人实在难以承受，便以"我刚好到这里来了"为由前去拜访。可是那时还不能将所有状况都说出口，我心想果然还是一个人好些，所以只喝了一杯茶就回家了。

我和哥哥讨论什么时候才适合对父亲讲这件事情。因为父亲当时在拍电影，没有合适的机会。我们在这种时候仍然将拍电影置于首位。

我清楚地记得告诉父亲这件事时他的反应。不治之症。已经无力回天了。大概还有四个月吧。父亲只说了一句："啊，这样啊。"

父亲那时正处于拍摄《乱》的关键时期，脸色一点没变。是在拍摄现场的、一如既往的黑泽明。

现在想想，还好那时候他在拍电影。父亲只要说出“准备，开始！”便会将一切都忘记，因此，我想，这太好了，因为父亲是个比常人更为敏感的人，我不想让他悲伤。

他在御殿场拍外景的时候得到紧急联络，要求他立刻赶回去。

父亲的牛仔裤口袋里塞着手套，魁梧的他站在病房里，让病房看上去宛如布景。如果这是电影，不是现实……大家都这么想。

医院也像个外景拍摄地，越野车停在一旁，有专人负责买饭，一切井然有序。这正是黑泽明摄制组和我家的做法。

母亲离世的那天，父亲只对我们说了一句话：“要举办不像葬礼的葬礼。”

我们在葬礼上摆满了母亲生前喜欢的粉色鲜花，场内放着哥哥的乐队 *Broad Side Four* 演奏的民谣。

父亲很快回到了拍摄现场。我和哥哥都心想：“哎呀哎呀，他去拍电影，我们就安心啦。”

支撑黑泽明的一根巨大支柱消失了，我和哥哥身负的责任毫无疑问愈加重大。无论是哥哥还是我，都预感到支撑黑泽明事业的巨大辛劳正在逼近。

现实远没有想象中可怕。如果按照父亲的心意行事，会发现没有比他更天真无邪的人。

只要做了好吃的饭，他的心情就会变好；提供一点话题，他便会情绪高涨、充满活力。因为他是个值得我们付出的、纯粹的人，所以只要我们也全心全意地努力，便会成为出色的搭档。

母亲离世后，我与父亲一起生活了十三年。虽有人可怜我，说我没有遇到比父亲更值得付出的人，但是那个像天真无邪的小孩一样坦率对待我的父亲，令我感到幸福。他是我生命的意义。

我认为能够代替母亲来照料父亲这件事情非常快乐。

我和母亲一边抱怨着“父亲这个人啊”，一边分头购物，碰头时发现两人买的都是父亲喜欢的东西。两人大笑道“简直像个笨蛋”，然后沐浴着夕阳，一起走回有父亲等待着的家中。这样的事情不知发生过多少次。

第四章 前往戛纳

对于快要二十岁的我而言，住在市中心的公寓里真是值得高兴。

搬到代官山的时候（1972年10月），父亲正因胆结石手术住院，所以装修全部由我来。将所有的事情都交给十八岁的女儿，这样的父母肯定很稀有吧。他们连一句不满的话都没有说。

我以鹅黄色和橙色为主色调，再加上黑色作为对比，设计了时尚的客厅与餐厅。

卧室里装饰着*Marimekko*品牌的抽象图案窗帘与床单。哥哥的房间和我的房间以绿色为主色调，父母的房间则是深浅不一的茶色，以此统一风格。

父亲起初说："真是眼花缭乱啊！"其实他非常喜欢。

住在代官山的那段时间里，父亲虽然因为胆结石待在医院，还有在苏联拍摄《德尔苏·乌扎拉》的时间很长，但是我在这难得的平静生活中发现了父亲的新形象。

与疾病抗争的日子让父亲忘记了辛劳。新家与新的环境也有所助益。

“我感到有一阵风穿过自己的腹部，身体仿佛获得新生。十分清爽，连心情都焕然一新了！”父亲如此解释，真是不明白他在说什么。

拍摄《德尔苏·乌扎拉》时，父亲的脚感到疼痛。我担心出了什么事儿，他又很疲劳，于是让他住院顺便休养一段时间。好像是住了两次院。

他时不时从医院偷偷跑出去喝一杯，然后告诉大家他去好好吃了一顿，显得很悠闲。

父亲完全恢复了精神，因为住院，身体更强壮了，身上还贴了膘。父亲说，“身体终于变成大人该有的样儿啦。”在苏联的时候饮食不好，所以在代官山吃什么都觉得好，想吃这个、想吃那个，因此就变胖了。

住在代官山时，原本不喜欢出门吃饭的父亲竟然经常出门寻觅美食。除了地方好之外还有别的理由。

因为父亲住院、出院，母亲极度疲惫。准备饭菜对她而言太累了，经常累得说不出话。

住在松原的时候，家里总发生大事，所以父亲长期在苏联的时光对母亲而言是一个难得的假期。她去宾馆的泳池、带我和姐妹去银座和青山逛街，像个女学生一样笑着，享受着购物的乐趣。

可是那个“负担”回来了，想要将有极大差距的生活恢复到原来的水平很不容易。年过五十的女性本就处于难熬的时期，还要照顾病人，这更不好过了。

但是住在代官山的日子仍算平稳。

我和父亲一起去看电影，回家路上去茶馆边喝红茶边讨论电影。托尼·理查德森的《英烈传》[1]、萨蒂亚吉特·雷伊的《孤独的妻子》[2]、威廉·弗莱德金的《驱魔人》[3]，还有不少别的片子，我们父女两人愉快地乘上摇晃的电车去电影院看了这些电影。

一起坐电车、看电影、吃荞麦面，有时去茶馆坐坐。虽然只是理所应当的父女关系，我却曾经无比憧憬这样的普通亲子生活状态。

我也是在这时第一次见到父亲弹钢琴。他弹得非常好，用粗粗的手指敲击键盘。

父亲离我越来越近。我感到了他身上的温柔，作为女儿，我感到很高兴。

父亲被授予"文化功劳者"[4]称号的那年，我决定结婚了，即将迎来从代官山的家中嫁出去的日子。

父亲有电影作为他的支柱，但是母亲的支柱只有我，她一定很担心我。

我完全不记得婚礼那天自己与父亲聊了些什么，但是我记得和他一起走在教堂的红地毯上的时候，我的裙摆被他踩住，两个人差

---

1 《英烈传》（*The Charge of the Light Brigade*）：由英国导演托尼·理查德森执导的关于克里米亚战争的娱乐电影。托尼·理查德森是自由电影运动的代表人物。曾凭借《汤姆·琼斯》于 1963 年包揽"奥斯卡金像奖"四项大奖。

2 《孤独的妻子》（*The Lonely Wife*）：一部根据泰戈尔同名小说创作的以妇女解放为主题的影片。印度导演萨蒂亚吉特·雷伊曾于 1992 年荣获"奥斯卡金像奖终身成就奖"。

3 《驱魔人》（*The Exorcist*）：又名《大法师》，是当时很长一段时间内最著名的恐怖电影，导演威廉·弗莱德金凭借此片摘取了"金球奖最佳导演奖"，更在全世界范围内掀起了超现实神秘电影的浪潮。

4 文化功劳者：日本人用以表彰为文化事业做出突出贡献者的称号，1976 年 11 月，黑泽明被授予这一称号。

点摔倒。

我的心中充满了新生活，没有去想父母。大家都很要强，非常厌恶落泪，都很决绝。“如果感到厌烦，什么时候都可以回来。”我一直记得他们对我说了这句话。

因为丈夫的家在成城，所以大家搬到了比较近的调布。

有了孙子之后，我的父母简直变成了另一种生物。

他们每天都期盼着我能把外孙带过来玩。父亲让我去找东西，对我说：“在我和孙子玩的这段时间里把东西找来。”我找到东西之后回到院子里，看到他还在给孙子穿鞋。我哈哈大笑。不管是刮风还是下雨，只要有孙子在，无论他做什么父母都会笑出来。简直每天都是春天。

“爸爸他虽然得到过很多勋章,可是我的勋章只有久雄和和子。”母亲总这么说，现在想想她可能是在和父亲斗气呢。

父亲一向对勋章没什么感觉。有次他的文化勋章[1]不知道放在哪儿了，最后在内衣箱子后面找到了。

我家并没有将勋章和奖杯摆在架子上陈列给别人看，而是装在纸板箱里，像小山一样堆在黑泽电影工作室的仓库里。

这或许对授予勋章的人很失礼，令他们生气，可是父亲就是这样的人，没办法。

但只有奥斯卡奖的奖杯是个例外，父亲总将它放在身边，经常看它。

---

1 文化勋章：日本授予在科学、技术、艺术等文化发展方面有显著功绩者的勋章。黑泽明于 1980 年获得日本文化勋章，也是第一位被授予该勋章的电影行业从业者。

1990年获得的奥斯卡终身成就奖对晚年的父亲而言充满回忆。

母亲离世之后，全家人第一次一起旅行。父亲嘴上说着“又要被采访攻陷了”，但是从脸上能看出来他的心里美滋滋的。

我出生以来第一次坐飞机，偶然遇到胜新太郎。他对我说：“姑娘，看看下面，云多漂亮啊。”然后我便失去了意识。从那之后，我便得了飞机恐惧症。

虽然在地面上没有感受过，但我在空中感受了作为女儿被温柔关怀的快乐。父亲的身上盖着毛毯，坐在旁边的座位上。我吃了安眠药，正打算睡觉，他时不时关切地问我：“还好吧？”

奥斯卡颁奖典礼彩排的时候，最让父亲感到有趣的事情是观察场内电影业界人士的样子。

他只要看一眼就能分辨这个人负责照明、那个人负责道具。“如果为自己喜欢的工作负责，工作时就能清楚地看出来这个人的个性。全世界的电影人都一样。”父亲喜欢现场工作，对此充满兴趣，也从中获得乐趣。

颁奖典礼正式举行的那一天，我们瞒着父亲做了些事儿。

那天刚好是三月二十六日，父亲快要过生日了。黑泽工作组的成员、演员还有孙子们，甚至还有小狗，大家一起在东京的摄影棚录制了生日祝福视频，并演唱了*Over The Rainbow*。

父亲登上颁奖台，从乔治·卢卡斯和斯皮尔伯格的手里接过奥斯卡小金人，大屏幕上开始播放这段视频。父亲即便被称为“顺风耳”“千里眼”，却也完全没有预料到这一出，他肯定从心底里感到惊讶。

父亲回到后台，从远处就可以看出来他的心中感慨万千。我第一次见到的惊讶表情已经完全不见了，对我们说：“这奖杯真是重得不行啊。让我做出单手拿奖杯的动作，采访又很长，害得我满头大汗。要是让我天天拿着奖杯接受采访，我就能成为举重运动员啦。”他开玩笑似的讲这些话，心情肯定非常好。

回到宾馆后，我们发现因为穿着黑泽工作组的皮质短上衣而被认为举动可疑的青年和田仓在等着我们。他没能进入比弗利和晶酒店，所以为我们做了饭团和小菜。

终于能休息一下了。父亲、哥哥和我三个人一起在电视上看了未删减无广告版的《战国英豪》，直到半夜。父亲那时已年过八旬，体力却仍然很好。

之后与住在意大利的企业家、关系很好的宫川先生一家人，还有马丁·斯科塞斯父子一起愉快地吃了顿饭。父亲一如既往是个大胃王，让我们感到欣慰。但是他比平时安静了些，果然还是累了吧。

父亲、哥哥和我在此时很默契。虽然有人说了些坏话，认为母亲刚刚离世，父亲就开始拍电影不合适，但是我毫不动摇地确信让他继续拍电影才是尽孝。

哥哥为了和父亲一起住，已经建好了新家。但是父亲拒绝了，说：“果然还是算了吧。”我问父亲：“要不要和我一起住？”可他回答道：“一个人住比较舒服。”他是个会为他人着想，同时不会委屈自己的父亲。

有舆论谴责我们说，儿子和女儿放任高龄的老父不管。甚至还有人说，我们让年迈的父亲工作，两人过着滋润的日子。

可是我认为，如果我们剥夺了父亲拍电影的权利，那他还剩什么呢？

作为黑泽明的女儿出生于世间，这样的训斥我已经习惯了。请让我在这里以哥哥为首介绍一下一家人，您可能会更理解我们一些吧。

我没有见过比哥哥久雄更温柔的人了。

因为核心只有黑泽明，所以哥哥承担了各种惹人嫌的身份。可是他从未辩解，平静地扮演着讨厌鬼。

不知何时开始，哥哥自然而然地管理家庭经济，而我负责照料父亲。工作开始后，哥哥成为制片人，也负责管理账簿。我在现场照顾父亲，并担任服装指导。

父亲的心中的念头只有“想拍电影”“想回到摄制现场”。

哥哥替代高龄的父亲肩负了所有责任。直到父亲离世为止，他一直捍卫着父亲的尊严。

只有在哥哥面前，父亲抬不起头。久雄很像父亲敬重的哥哥丙午，是个聪明、说话坦率的儿子，所以无论是电影还是别的什么，提出的建议总直击重点——也许他也曾被视为眼中钉吧。

如果用《乱》的人物来作比喻，那么哥哥就是不会说甜言蜜语的三郎，有着拳拳忠诚之心；小泉尧史副导演则是除了必要的话什么都不说的武士丹后；我则是关注着各种状况、费尽心思的狂阿弥。父亲当然是秀虎了。

在我小的时候，比我大九岁的哥哥总捉弄我，故意管闲事，经常被母亲训斥。

某天，哥哥问我：“你知道有面值十万日元的纸币吗？”然后补充了一句：“因为它很稀有，所以不在市面上流通。但是去银行可以看到。”

我在长大之后去银行时想起这件事情，对银行的柜员说：“请让我看一下十万日元的纸币。”柜员微微张开嘴、盯着我看了一会儿，大概心想这真是个怪人。柜员便无视我，说：“下一位！”我对朋友说起这件事时，朋友笑话我：“你被你哥哥骗啦！”

最近我突然想起来这件事，便向哥哥提起。他说：“都长大了竟然还信，你真是呆啊！”

当我还是少女的时候，有些神经质的哥哥得了胃溃疡。哥哥觉得让我担心他实在是过意不去，于是从医院回来的路上给我买了毛绒玩具。如果我无论如何都想要的毛绒玩具卖光了，他会和玩具商店商量，想方设法地给我买。

我记得送哥哥去美国留学时，从机场回来的路上我不知为何哭个不停。父母看着这样的我，急忙用眼神互相交流。

哥哥留学时给我带来的礼物，是我在 *Seventeen* 杂志上看到过的心形钻石小挂件。

我经常在半夜被叫起来给哥哥做夜宵。他会突然对我说：“一起唱《铁臂阿童木》主题曲吧！”让我起床。

他在客厅的电视机前叫待在二楼的我。“和子！和子！”他这样叫我。我下楼问他有什么事儿，他说：“帮我换个频道。”

哥哥抬着脚，我问他怎么了，他说：“帮我把袜子脱掉。”我照做了。可是他仍然抬着脚，我又问怎么了，他又让我剪脚趾甲。

哥哥吵着说：“我想吃奶油泡芙嘛～吃不到的话我就要死了！”所以我不得不去给他买。“和子，我要喝红茶！”“和子，我要喝咖啡！”我听他的话将东西摆在他面前之后，他又会提出新的要求。

所以我买了一个特大号的杯子，咚地放在他的面前。他说：“你想把我淹死吗？”

哥哥总是这样向我撒娇。我突然发现，如果从高处观察我和哥哥之间的关系，简直和父母一模一样。

直到出嫁的那天，我还坐在哥哥的腿上，会向他撒娇。

之后过了十几年，母亲去世后，哥哥和我开始在黑泽工作室一起工作。

两人都结婚了，都有了各自的家庭。过了这么久两人又聚在一起，总有些不自在。两人会互相谦让。如果能像以前一样口无遮拦地聊天就好了……这么想来，成为大人真有些令人悲伤。

在《乱》的摄制结束后，为了不让父亲感到寂寞，哥哥、我、表兄弟、哥哥的朋友们还有黑泽工作组的人们，轮番住在父亲的身边。

父亲每晚都沉浸在麻将世界里。明明打不好却非常喜欢，然而牌技怎么打都没有进步。

父亲打麻将的风格很可爱。虽然他玩得很认真，但是说到底是个诚实的人，打算组什么手牌一眼就能看穿。打牌时，父亲嘟着嘴，用粗大的手指摸牌摆牌的动作简直像小孩笨拙地搭积木一样，令人担心。也许因为他想得太认真，所以出牌速度很慢。

说到底大家只是陪他玩，这么说最合适。

由于父亲打牌时很认真，不能在他面前笑出声。有人实在忍不住想笑，我只得用脚尖轻轻踢一踢他。

《乱》开始宣传后，我和哥哥轮流陪父亲。

哥哥谈到和父亲一起去巴黎参加试映会，说“大屏幕的画面真是太棒了”“协和客机坐着真舒服啊”。这些话真是男孩子才会有的感想。

接下来轮到我了。坐上飞机之后不久，父亲在喝红酒时突然失去了意识,我吓了一跳。我知道这是由于脑部供氧不足引发的老毛病。曾经有医生说：“也许正是因此他才拍出了好电影。”父亲本人也自嘲过，说：“我脑部的血管弯得像问号。”这么多年他一直没有做过手术。这次也许也是一样吧。我摇了摇他，他嗯地应了一声，然后说：“大概是因为我太累了。”便显得像没事人一样，我这才安心。

因为我和他经常在一起，所以可以凭直觉判断出状况究竟是大问题还是小意外。我知道，最关键的是如果我的神色慌张，胆小的父亲会立刻瘫软下来，所以我总故作平静。

乘务员也来安慰父亲：“疲惫、红酒、起飞，这些因素凑到一起就有可能引发这种状况。”

“现在飞机上的餐食真是难吃啊。”父亲一边说着，一边吃鱼子酱、鹅肝，喝威士忌。可是讨厌飞机的我完全没有食欲。刚才的担心让我需要恢复，我喝了些牛奶就睡了。

到了罗马之后，宾馆闹罢工正到最高潮，我得自己去服务台拿房间钥匙。宾馆虽然会给客人做饭，但是要自己去厨房取。“真不愧是意大利啊，”父亲感到很有趣，“我以前来意大利的时候也是，把已经不飞了的飞机票卖给我，差点完蛋。”父亲喜欢吃意大利炖饭。他享受着美食，显得很精神。

父亲与费德里克·费里尼在这家宾馆的大厅重逢了。以闪耀的枝形吊灯为背景，两人握手的场景简直像一幅画。我很喜欢费里尼的电影，一个人看着他们，仿佛沉浸在电影场景中。

试映会之后，在意大利的总理官邸举办了晚宴。比父亲更高大、戴着红色高帽子的近卫兵站在官邸的每个角落。我们走近时，他们会将枪向后拉一下，然后敬礼。虽然父亲每次都会被吓到，可是他像个小孩一样高兴，说：“真帅啊！”

意大利总理是个风趣的人。父亲说自己在近卫兵敬礼时总会受到惊吓，总理回应说：“我啊，每次去日本人家里的时候都会担心自己的袜子上有没有破洞！”他与讨厌装模作样的父亲挺合得来呢。

到伦敦后，我们见到了既是导演也是演员的理查德·阿滕伯勒。他是个纯正的绅士，我和父亲都为他的魅力而折服。

他带我们见到了查尔斯王子。与直率的王子聊天十分愉快，但是父亲说他也想见见戴安娜王妃。后来我想，也许那个时候两人的关系已经不太好了吧。

行程安排得太满，我们到荷兰的时候父亲因为某事，积怨喷薄而出。他叫来制片人，指着宾馆窗户外冰封着的河流，喊叫道要把他的头塞进河里。

和父亲在一起的生活中总是充满怒气不知何时爆发的危险，因此我们需要预知的能力。这需要锻炼，要看出他发火的程度。如果鼻尖变白、脸颊变红，就得注意啦。

防止爆发的方法有很多种。比如如果有人先发怒，要先安抚父亲，然后故意将话题引开。可是这个方法稍有闪失便会火上浇油，所以必须要提起父亲感兴趣的话题。

《乱》的宣传活动结束后，我们安全地回家了。“果然还是家里好啊。可是为什么人们总这么说啊？”父亲调侃道，“吃茶泡饭吧。

啊，这也是日本人的口头禅啊。”他又调侃了一句。父亲原本觉得茶泡饭对胃不好，并不喜欢吃，可是受母亲口味的影响也开始吃了。“看上去挺好吃的，所以就开始想吃啦。”他得出了如此结论。

从《乱》到《梦》之间有一段空闲，以前所有的事情都有母亲来做，什么都不懂的我们现在就连和公司签约都要从头重新做起。

不能够改变父亲的生活水平，必须保护他的地位。我们要让公司重整旗鼓，重回正轨。这段时期，我们曾经交不起房租，哥哥为此前往各处。我把母亲的戒指卖掉补贴家用，总算是撑过来了。

父亲对此一无所知，他将大家聚在一起讨论电影的梦想。如果知道了这些事，他可能会伤心、无力，所以我们还是像平时一样生活。虽然很艰辛，但是父亲的笑脸会让我们忘记辛劳。

母亲的任务交给了我。虽然我和父亲分开住，可是一年三百六十五天，我答应仍要负责做父亲的晚饭。我明白这是父亲的力量之源，也是父亲的乐趣，更是一边聊天一边整理想法的好机会。

我这么做，最主要是因为要由我来管理父亲的健康状况——不仅要关注他吃饭的状况，还要让他吃健康美味的食物。我继承了父亲的专注、母亲的细心。如果我不对某件事情保持专注，我那过剩的情感会爆发，让我无法呼吸。所以让我专心致志一些更轻松。

我是带着两个儿子回了娘家的女儿，虽然儿子代替了前夫，还是需要让我操心，但我仍然有精力去照顾父亲。现在我将这些完全作为中心，认真对待。没有人比让我和父亲生活在一起更开心，所以我尽全力去照顾他。

我离婚已经两年多了，父亲突然问我：“和子现在是一个人了么？”我说：“我的姓又变成黑泽啦。”父亲微微地笑了。

因为我们分开住，所以我会从公司出发、儿子放学后从学校出发，到“外公的家”会合。如果晚上六点饭菜还没有上桌，父亲便会一脸无趣。所以我无论在哪里看上去都很忙碌。他虽然会对其他人说“我简直是只张开嘴等着喂食的小雏鸟啊”，可是吃什么菜、用什么调味料甚至连配菜和出锅时间都要提出要求。“我们每天都吃一样的饭，那么我们都有考虑明天吃什么饭的心情。”

给父亲的菜谱，我至今留着笔记。记在笔记本上就能明白食物的营养平衡。这样菜品不会重复，我很明白也很珍惜自己想做新饭菜的心情，所以一直坚持着。

一九九五年三月的某天，直到从京都出发前，我记满了一整本食谱。在新笔记本上写的却是“打了几次点滴”“纳豆与米饭”“终于能吃下三分之一了”等，内容与以前截然不同。

我也曾试着做父亲在电视上看到过的、感兴趣的菜品。孩子们虽然还在上小学低年级，但是渐渐地能来帮忙了，他们也喜欢讨论新菜品。所以我们四人一边吃晚饭，一边兴致勃勃地讨论食物。可以一边吃一边讨论，这是健康的证明。我们的日子一天天过去。

哥哥曾经带儿子们骑马，再加上父亲的推荐，他们开始热衷于马术。多亏了它，儿子们端端正正地长大了。

我在这里介绍一下也令我煞费苦心的下一代吧。

父亲有六个孙辈——年龄最大的是我的长子隆之。他是个情感纤细的好孩子，强势又耐不住性子，身高有一米八三。他可能是唯一一个在争吵时能让父亲向他道歉的人。因为我的母亲太溺爱他了，他也继承了母亲的开朗和古灵精怪，可以应对关键状况，很强势。

他也很擅长做菜，照顾晚年的父亲时帮了大忙。

父亲经常说：“隆之的眼睛细长，适合戴假发。”实际上在父亲离世的前一天，隆之去拍了上镜试妆照。后来，他在父亲的遗作《大雨天》中饰演了一位武士的侍者。

这么形容他，听上去像是典型的好孩子。其实他的性格很像黑泽明，让人不知如何是好。照顾他也真是费尽心思，在父亲离世后他取代父亲，每天为我的人生带来刺激。

二儿子秀之生下来的时候只有三斤半多一点。小时候是个爱哭鬼。上小学之后，即便已经开始上课了，他却还在玩沙子、捏泥巴，真是不知道他在想什么啊。所以他也是个备受喜爱的孩子，无论去哪里都能带点东西回来。与吵闹的长子完全相反，他总是寡言少语。他的本质是个严肃的人，托付给他的事情总能忠实地完成，令人安心。对我这个没有女儿的人来说，他是个讨论事情的好对象。

父亲也不知道该如何应对这个孙子。父亲从没见过秀之这样的孩子，认为他是个有个性的人。

他平时不过多流露感情，但是在父亲离世的那一晚，他的感情喷涌而出，哭了一整晚。他哭着说想要将爷爷好好送走，就像电影《梦》里“有水车的村庄”那样。第二天他起来，说了一句话：“我不哭了。对爷爷来说，这是一件开心的事情吧。”在后来的守灵仪式、葬礼和告别会上，他一直淡定地微笑着。

父亲离世之后，他对我说：“妈妈之前很辛苦，现在也可以做些自己喜欢的事情了吧。”他像是个家庭主夫，从照顾弟弟到做晚饭，在家中是谁也比不过的好手。多亏了他，我才能放心地专注于制作《大雨天》与写这本书。

有一天晚上，他突然说：“不要担心啊。我会去做自己喜欢的事情。可是，我不想成为一个让家人操心的人。我想做一个能兼顾家庭和工作的人。”他看上去很精神，可是眼睛像食蚁兽一样显得有些慵懒，像是在享受着生活。真是个奇怪的人。

哥哥家里也有三个孩子。长子甲是一个简直不知道是怎么成长起来的善良又温柔的青年，爽快又果断，年轻又健康，是个特别令人愉悦的男孩。在他小时，我曾经照料过一阵儿。对我而言，他是惹人怜爱的、唯一的外甥。

长女优，真不知道继承了怎样的基因才能有这么漂亮的女孩子啊。聪明大方，体格虽小，心胸却宽广，我很期待看到她的成长。

次女萌则像棉花糖，令人想起来毛绒玩具，文静的她总面带微笑，惹人疼爱。她是个善良的人，希望她能和一个好人结婚，拥有幸福的生活。我很牵挂她。

有这么好的三个孙辈，我想父亲一定很感谢哥哥的妻子宽子。

最小的孩子是我的三儿子，刚满五岁的小不点。他比二儿子小十五岁。

“我去生爸爸的第六个孙子了。”我写了留言后就去医院了。

父亲看到我挺着肚子，以为我只是变胖了，直到看到留言才意识到真相。生下孩子的第二天，我有生以来第一次收到了父亲送的花。

父亲已经八十三岁了，我的大儿子和二儿子马上就能自立了。我因为一个人太寂寞才生了这个孩子。

大家以为这是我的私生子，其实并不是。这是我想要独自生养才要的、无可取代的孩子。

我可以理解大家认为我的想法有些异想天开。但是我想再抱着一个小孩，将他养育成人，所以我做出了这个决定。我很清楚责任都在我身上。

如果是普通家庭的父母，肯定会问“孩子的父亲是谁啊？”“怎么回事啊？”之类问题吧。但是，我父亲只是伸开双手欢迎我回来。

出院后，我立刻去了父亲家。父亲把孩子放在自己的腿上，笑得不能更开心，仔细地看着他。

父亲什么都没问。

从那天开始，这孩子就成了他最重要的宝贝。

某天父亲问我：“你有孩子要照顾，是不是没法一起工作了？”我说：“别担心，有很多办法。没有比和爸爸一起工作更开心的事情了。”父亲笑着说：“带他去拍摄现场吧，也许很有意思。”他一边说，一边用手弄出声响。

父亲倒下之后，这个小不点成了他唯一的乐趣。我那时没想到，小不点竟成了父亲的一大支柱。

疼爱、放进眼睛里都不痛——有许多种形容，但是我实在找不到恰当的词汇来形容父亲对这孩子的态度。是爱得过分还是掌上明珠，抑或无可取代，他爱这个孩子简直像爱电影一样。

父亲离世的那一天，我两个年长的儿子摸着弟弟圆润的脸颊，异口同声地说：“我们会好好照顾爷爷的宝物。”

我想起来了父亲常说的话：“应该得‘敢斗奖’[1]。”

另一样宝物——电影，我们应当如何将其守护下去？现在是我们的时代了，我和父亲共同前进的时候，他教会了我不少。要开始

1 环法自行车大赛中，从率先冲出的第一集团中评选一位表现最优秀，最勇敢的选手授予该奖。

前进了，不能浪费这些教导。

父亲倒下的前几年，我非常幸福，体会到了不少乐趣。

《梦》《八月狂想曲》还有《袅袅夕阳情》，持续发表作品的父亲像高速疾驰的火车头一样前进。

父亲、我和哥哥在戛纳电影节的日子里，留下了美好回忆。

父亲被告知电影只是在电影节上进行展映，但是他并没有露出不高兴的表情。

从家中出发，经过二十四小时的漫长旅程，到达父亲喜欢的那家位于安提布的艾登毫克海滩酒店。从父亲的房间向外看，越过一大片海松，可以看到地中海。

即便到达时已是深夜，经理和服务员仍高声欢迎我们："欢迎回到戛纳！"随后将冷盘和威士忌送进客房，我们终于能歇口气了。

可是对我而言，到达意味着要立刻"上战场"。从明天开始要接受很多采访、记者招待会还有摄影会，此外还有准备三个人在正式的展映招待会、欢迎会上要穿的衣服，都要放进衣柜。我一边将父亲平时用的东西放到合适的位置，一边照顾他。

让他换上睡衣、吃药、上床，这些都要看着他。然后锁上房门，拿着钥匙回到自己的房间。

我很喜欢这个房间。花草丛间的中式红色人偶图案，印满了墙壁和窗帘，简直像我小时候画的"公主的房间"。

我的头刚沾枕头就睡着了。父亲起床晚，我比他稍微早醒了一点，度过了一点儿幸福的时间。

冲澡之后换上浴袍，通过客房服务点了牛角面包和牛奶咖啡。我把坐垫移到阳台上，欣赏一望无际的玫瑰园，沐浴着和煦的阳光，吃着美味的早餐。五月的阳光照耀着淡黄色、淡红色的玫瑰，闪闪发亮。平时的劳累一扫而光，我汲取了活力。

接下来开始忙碌了。我一边照顾父亲，一边准备早饭。

采访每小时一次，直到午饭时间。之后前往酒店的艾登毫克餐厅吃饭。灿烂的阳光和清爽的空气包围着这里，在一处像轮船甲板似的的阳台上，世界各国的著名电影人接踵而至，让我感受到了电影节的欢腾气氛。

我们一边观赏大海一边吃午饭。父亲经常吃这里的芦笋炖饭。在这里的这段时间，每天都在这儿吃午饭。

乘快艇由海路前往戛纳只要一小会儿。

我们刚刚上岸，就有一群记者赶来，场面总是很混乱。简直令人害怕。

正式的记者招待会、摄影会一个接一个举行，回到宾馆之后还要接受采访。我和哥哥出去买点东西的时候，会有便衣同行。单独行动将父亲晾在一旁，真是对不起还在工作的父亲，所以我们很快就回去了。穿礼服的时候，我要先将父亲打扮好，还要给哥哥帮忙，再把自己打扮好。同时，我还要安排回来后与客人的晚餐。在这优雅的高端疗养胜地，一只手拿着熨斗奔跑在豪华走廊里的人，恐怕只有我了吧。

白色摩托车开路，引导我们前往会场。会场附近已是人山人海，在音乐声和欢呼声中，我们沿着红地毯走上台阶。高大的父亲身着燕尾服，如果在家里他恐怕会说一句“好嘞”，但是众人面前我的父亲显得很威严，昂首迈步向前走。

上映结束后，观众起立，掌声雷鸣。像暴风雨一样的欢呼声残留在耳畔，我们坐上车。月光在夜晚的海浪间闪耀，我看到父亲的侧脸——他沉浸在成就感带来的喜悦中，脑海中满是下一部电影的构思。

我好想带母亲一起来啊。以后还能和父亲一起来几次呢？我看着父亲的侧脸，想着这些事情。一次、两次、三次，我已经陪父亲来过三次了。三是父亲喜欢的数字。我们曾三度经历三个人最幸福的时刻。

我和哥哥还有儿子们约定好，一定要好好工作，一定要再去艾登毫克海滩酒店住一晚。

第五章 女儿的幸福

据说到昨天为止，米克·贾格尔一直住在这个宾馆房间里。粉色绢质壁纸很有光泽，令人眼花缭乱。

“这个房间一点都不适合我啊。我恐怕要梦见自己变成维纳斯女神了。”父亲看着贝壳状的床说。我想象了一下父亲睡在这张床上的样子，闭口不言。

此时已是半夜。两个人全神贯注地讨论电影，忘记了时间的流逝。这么说来，到了伦敦之后，我们还没有真正踏上这里的土地。父女两人简直像是缺氧的金鱼，肩并肩从窗户探出头，深深地呼吸。

母亲这个中间人离世时间不长，现在只有我们两人在一起，有些不习惯。

我们谈起了晚餐上的肉食。两个人弯着腰用力切肉，但是仍只要有合适的机会，我们之间的话总是说不完。

然切不开，互相看着对方笑了。

“实在是太硬了，我都想去要一把锯子来。”父亲难为情地开着玩笑。

“从明天早上开始也全都是采访，咱们还是快点睡觉吧！”我说，然后向门外走去。

“不去，我绝对不去，好了，就让他们把我抓起来吧！我只想和你在一起，像笼中的小鸟一样唱歌。哦，考迪莉娅！”

我看着父亲的样子，大声笑了出来。之后说了声晚安便离开房间。

父亲对莎剧《李尔王》第五幕第三场非常熟悉。他的记忆力很好。写《乱》的剧本前，他反复地读了这部剧。

母亲去世之后，随着时间的流逝，我们两人渐渐互相依赖。隔阂好像一下子消除了，父女有了可以和睦相处的时间。

我开心地回到了自己的房间，然后向母亲的照片报告说：“我和父亲的关系好像越来越好了。”

位于成城三丁目的家是一个可以从三面窗户看到百日红和石榴树的古朴庭园。夕阳西下的时候，耀眼的阳光穿过树叶之间的缝隙，照射在餐厅里。我与父亲面对面坐在餐桌两侧。父亲每天都想出话题，与我热心地讨论。那里是父亲与女儿的幸福场所。

“你还记得狛江的家附近有泉水涌出吗？从那里一直向前走，然后拐一个弯，有一座仿佛童话里面出现的小屋，有位穿着黑色衣服的魔女在打扫卫生。我曾经看到过，可能是梦吧！”

如果是普通人家的父亲听到女儿这样说，会怎么样回答呢？

“大概是在东宝制片厂的时候，我曾经带着啤酒去朋友的家里。因为窗户都开着，所以我想那时候还是夏天吧！我和朋友在窗边随意找位置坐下，中间放一个小桌子。朋友煮了毛豆，我和朋友一边喝啤酒一边聊天。天色渐渐暗了的时候，朋友的脸色渐渐变得非常可怕。我突然回头看，看到窗外闪过一道光。我赶忙跑了出去，看到有一只狐狸飘浮在空中，穿着长袍，手里拿着笏。我从来没有那么害怕过，真的看到了。但是过了很久，我心想那只是一个梦吧。”

这样的话题出现之后，父女二人便会说话说个没完。

“我曾经做梦梦见河马打开纸拉门进到房间来了。” 家里曾经养过一只优雅的猫，它可以用两只前爪推开纸拉门。因为有一些不可思议，所以我想父亲才做了这样的梦吧。

做的梦必须要记住才行——我不由得感到心情有些沉重。记住梦的技巧是醒来之后不要立刻起床，在脑海中回想梦境，记在脑子里之后再起来。

每晚都可以梦见几个全彩的、奇怪的梦，这是父女两人的共同点。

关东大地震和打麻将的梦，还有在粉色的果冻上跳跃的梦，还有被间谍追赶、和奥黛丽·赫本一起逃离狛江车站的梦。我讲述了各种各样的梦，其中有一个梦被称为“热海杀人事件”，父亲称赞它的镜头剪辑和剧情发展都非常像电影。

我曾经尝试能否做连续的梦；确认某天印象深刻的事情是否会出现在梦中；自己的梦有没有独特之处；经常出现的场景来自于哪里；在表现方式上有没有特别之处。睡觉简直像工作一样。但是实验非常有趣，一起吃晚餐时聊得越来越热烈。

我可以做连续的梦。印象深刻的事情不一定会在当天夜晚的梦中出现，但是可能会投射在其他东西上。有时还会发生不可思议的事情。

我的表妹是一位非常认真的贤妻良母。据说她的梦境尽是一些某超市的猪肉打八五折、某一家的白砂糖降价了、烦恼应该去哪里之类的。她觉得这些梦真无聊啊。

我有时也尝试做这样正经的梦。我在超市前面，在像是发行护照一样的地方拿着一张纸排着队。我听见自己在梦里说："看呀，我做了一个像主妇一样在超市里的梦。"工作人员说我中奖了，催促我进卖场。超市里摆放着我熟悉的生鲜食品还有干货的展示柜。可是在货架上摆着的东西全都是手套。"不对呀，不对呀！"我说着说着就醒来了。

关于梦的独特之处，我曾经问过好几个人。有人经常梦到自己被追赶，有人只会梦见自己在下坠。

父亲经常梦见在某处来回走动，我则经常梦见自己寻找东西。因此我得出了结论：每个人的梦都有自己的独特之处。

说到梦中的场景，我和父亲都认为这与小时候的记忆有关，有肯定会出现的建筑和风景。

而关于表现方式，父亲说："梦实在是个天才，会用大胆的方式来表现，我这个导演根本无法胜过它。"父亲还没有得出结论，便开始讲述如下的场景。

"我穿过令人感到不安的杉树林，左右两旁都是杉树，中间有一条笔直的台阶。可是透视法有些过了头，远处的台阶变得非常纤细。我想前面大概是神社吧，在台阶的尽头有一只狐狸，在好像是神社的建筑物前像风一样跑走了。"

“哎呀，岂止是可怕，简直要把人吓呆了。一只只狐狸就这样在杉树林之间来回奔跑。是个可怕的梦吧？”

听到这个故事之后不久，父亲和小泉先生一同前往御殿场创作剧本。

“和子，我们写了这样的故事。”于是便有了电影《梦》。

父亲的故事非常有趣。无论是怎样的故事，只要由父亲讲述就会变得像确有其事，听他讲故事的时候宛如在看电影，因此非常容易理解。

如果比平时早一些到父亲家，他会开心地站起来说：“离做晚饭还有一阵，先喝一点咖啡吧。”

我们面对面坐着，有时默默地看着窗外。勺子轻轻搅拌时发出了叮叮当当的响声，旋即消失。

“我昨天晚上读完了夏目漱石的《文鸟》[1]，不知道为什么有点伤心。”

我不知道应该如何回答，喝了一口咖啡。

“信中提到因为家人不给它喂食，它终于死了。如果说那个人很过分，他毕竟做出了那样的事情呢！我非常感动。”

我到现在都不明白父亲到底想说什么，但是觉得必须说点什么才好，便抽象地回答道：“那是一篇名作呢。”

父亲突然有了兴致，开始对我讲述。

“是啊，那确实是一篇名作。三重吉的事情无比令人期待会发

1 《文鸟》（文鳥）：是在 1908 年 6 月开始在《大阪朝日新闻》上刊登的连载小说。它讲述了作家和一只文鸟的故事，这或许是个真实的故事，因为夏目漱石确实养过一只文鸟，后来也确实如文中所写病死了。

生什么。读者很清楚铃木三重吉是一个怎样的人吧。”

“他描写文鸟眼眶周围泛着淡红色，这写法真是精妙。小鸟确实这样动身体呢。”

父亲前后左右地移动头部，模仿文鸟，显得有些古怪。

“可是，他如此精细地描述文鸟虽然很厉害，但是观察得那么仔细，我忍不住想问他为什么没有照顾它？电影里面有这样的矛盾，看的时候会觉得不对劲。”

我晃了晃手中的咖啡杯，示意他要不要再喝一杯。他摇了摇头。

“夏目漱石对待他人的态度过于鲜明，总是吊着一张苦瓜脸，在书斋里闷头写作。因为不好捉摸他的脾气，所以他的家人也很少接近他。如果他在午睡的时候听到脚步声，会立刻面露难色，拿起笔。如果有人稍稍拉开门，他也会这样。所以大家都蹑手蹑脚地走动。”

他仿佛看到过这些场景一样，我兴致盎然地听着。

“也许他怕麻烦，所以一直在抱怨，内心希望有谁能够去照顾那只鸟……真是个狡猾的人啊。刚开始肯定觉得有趣，照顾一次便会让心情好转。可是鸟的叫声会是‘千代、千代’吗？我不擅长与鸟相处，所以没有养过。”

“有时鸟会被猫抓住，天冷的时候不放进鸟窝里，鸟会渐渐衰弱，会拼尽全力抓住栖息的树枝。死的时候会从树上突然掉下，却因为身体很轻不会发出声音。眼皮略微发青，全身僵硬。他假装看不到它，却对女人们发牢骚。其实夏目漱石也是那样的人，心里一定很苦吧。而且，他还会担心鸟的胃里有没有食物吧。”

我记得父亲说了这些话，称赞文章的细节描写上乘。外面的天色渐渐黑了，我开始准备做晚饭。

吃晚饭的时候没有提到夏目，只聊了聊日常琐事。可是突然又开始讨论关于夏目的话题。

“如果要学习写作，可以试着模仿夏目漱石。你看那里的辛迪。‘咱家是狮子狗，名曰辛迪。不记得生于何处，只记得曾在四周皆是玻璃的光亮地方呜呜哭泣。’就像这样写。这么说来，当狗还是小狗的时候，一生出来就呜呜嗷嗷地叫。”

那天晚上回到家之后，我因为在意这件事情而睡不着，于是拿出了布满灰尘的夏目漱石全集，重新读了一遍《文鸟》。

文鸟用尽最后的力气抓住树枝、然后突然掉下来的那一段，我在听父亲讲述的时候，仿佛听到声音也看到了影像，但是书中并没有这样的感觉。

此后也有过许多次，父亲在读完书之后将故事在脑海中变为剧本，然后用画面来讲述。

因为那天很寒冷，所以我想是冬天吧。儿子们去参加骑马的户外野营，晚上不回来。我无所事事地躺在父亲身旁的沙发上，那时已经是晚上九点多了。

我敲了敲自己肿了的脚。父亲问我：“已经是晚上九点了，你还好吗？”我说没有什么事情，站起来扭扭脖子，活动僵硬的腰背部。

“腰酸背痛？我给你按按，坐这儿。”父亲对我说，我便坐在了他的前面。

啊，好痛啊！父亲用力按着我的背。“好疼，轻点啊！”我高喊道。父亲感到有趣，便用一双大手用力地按压我的脖子。

“好啦，谢谢！”我心想这么说，父亲便会再按几下，然后啪地拍一下我的肩膀，说句“好了”便了事。可没想到父亲立刻就停下了。

“如果你有时间的话，偶尔也陪我喝喝酒吧！”父亲说道，然后站起身来。

父亲曾认为和我这样没有酒量的人一起喝酒没有意思，会找一个理由叫别人来喝酒。然而他又不允许我多喝，所以在他想喝酒的时候总让我早点回去。

他每天晚上睡觉之前都要喝威士忌，看看瓶子就明白了。每天喝的量也不一样。

他经常批评我说：“你总是忙过头。”但是今天我很悠闲，又可以陪他聊天，所以他显得很高兴。

父亲向酒里加了些水，我则泡了杯茶，两人面对面坐着。父亲的表情说明他在寻找话题，盯着两只大手中握着的小酒杯。他突然抬起头，开口：“那个……”

“你知道横光利一[1]吧？我还年轻的时候曾经在电车上看到过他。当时想向他要签名，但是不知道如何是好，最后便没有要到。”

“那可真是一个好时代啊。”父亲说。在菊池宽创办《文艺春秋》的第二年，《文艺时代》也创刊了。父亲的双眼变得像是充满希望的青年的双眼，为我讲述“直木三十五所写文坛诸家价值调查表”事件发生的经过。

“才华横溢的大家都想尝试新的事情，于是纷纷行动。电影界也是这样。那真是一个好时代，电影界被誉为梦工厂，人气旺盛，而且没有去参加战争。日本人总将事物连根抛弃，有了拖拉机就再

1 横光利一（1898—1947）：日本小说家。1923年参加菊池宽创办的《文艺春秋》，代表作有《蝇》、《太阳》等。

也不用马。有多少优秀的文学作品变得无人问津了啊。电影也是，母带都不知道被扔到哪里去了，真不知道他们在想什么。”

父亲显得很激动，面露怒色。

“没有事情会走到死路，无论什么时代，都还会有可能性。美国奥斯卡奖的正式名称是‘美国电影艺术与科学学院奖’，对吧？所以有遵循科学向前发展的必要，正因此不能将过去的东西全部废掉。了解过去的事物，然后有新的发现。这正是‘温故而知新’。”

情绪激昂的父亲像是一个热衷于演说的年轻人一样神采飞扬。

“信息过多，确实会令人变得丧失独特性。大家都向着同一个方向快速前进，当感到厌倦的时候也就完了。唉，人类自古以来就很愚蠢，也许历史一直在不断重演吧。”

我们之间陷入了沉默。

“可是你不觉得现在的情况很严重吗？大家只盯着眼前的事情。即便是官僚也有子孙后代吧。他们只想着把钱都装进自己的口袋，人类真是笨蛋啊！只要一个地方腐朽，就说明其中全部腐朽了。大自然肯定会进行猛烈的反击。世界各地已经开始发生各种奇怪的事情了，难道不是吗？”

父亲说：“在《活人的记录》《恶汉甜梦》《白痴》里早就已经拍了很多吧。”说着，他的表情开始变得有些柔和。

“如果对自己不擅长的事情作出评论，肯定会被其他人指责说不要对不了解的事情乱讲话。因为那些人非常了解自己所擅长的事情，所以会自作主张地认为已经到达极限了。可是在制作《梦》的特效时，技术人员不是对我们讲过‘什么要求都可以提，如果不这样的话，技术就没有办法进步了’嘛。如果不去听取门外汉自由表述的坦率意见，那么这个领域就完蛋了。政治界、金融界的家伙们，总会搪塞说‘哎呀哎呀，有很多其他的因素’。我知道他们做事情不分好坏，可是总该有个限度吧。”

父亲想说的话涌上心来，说个没完。

“如果不是专业人员就不能发表意见，那么评论就无法存在。说得极端一点就是这样吧。尤其是体育运动，连走不动路的我看到奥林匹克的体操比赛时都会惊叹‘这真是厉害，简直不是人类能够做到的事情’。作为一个普通的人，理所当然地会想表达自己的想法。评论家就是这方面的专家，所以他们一定会深度研究。但是那些人是否能够拍电影、是否能跳能乐舞就是另一回事了。如果他们的评论紧捉着一点死死不放，我会感到生气。但是如果被前田青邨[1]指责说‘黑泽啊，这个头盔没有拍好’，那么我会反省自己还没有研究透。在电影制作中正有这样的事情呢。可是我果然会觉得不行啊、还不够。有人什么话都说，真是让我生气，但是过了一段时间想一想确实如此。正因为觉得他们是混蛋，所以才能够发奋去做更好的作品，让这群家伙好好看看。”

他伸手让我再为他倒一杯兑水的酒。

“看看我的下一部作品。”

父亲说他饿了，我起身去给他做炸饭团。在这段时间内他似乎还在沉思着什么。

“我曾经和小林秀雄聊过一次天。两个人愉快地讨论古代美术相关的话题，结果聊天还没有变成对谈就结束了。他是一位真正的

1　前田青邨（1885—1977）：日本知名画家。

知识分子，是值得敬畏的人。忘了是什么时候，那时我还年轻，去看新上映的作品。有一个人高声喊道：‘真是无聊啊！’仔细一看那人正是小林秀雄。他似乎也经常看我的电影，他让我好好努力的时候，我非常高兴。”

“我并不认为能够和他唇枪舌剑地讨论。对方也一定认为没有办法和我讨论严肃的话题。虽然我有很多问题想问他，可是最后老老实实地什么都没说。”

关于自己所崇敬的人，父亲几乎无法组织语言。他是一位向往知识分子的、有人情味的可爱父亲。

“所谓的天才就是像笨蛋一样拼命努力的家伙，虽然其中有人生来就是天才，但是我不是。我是沉迷于电影的‘笨蛋小六’哦。”父亲经常这么说。

“咚哐咚哐”[1]，小六的电车每天都在疾驰。

别人将他称为巨匠或者天皇，让他感到困扰。“世上哪有住在别人家的天皇啊。”

有人认为，父亲的电影从某一时期开始变得难以理解。但是，单纯的父亲认为电影是能够让世界上的人们坦率地讨论问题、理解彼此的大广场。

这个被称为“世界的黑泽明”的人，一直在不断碰壁的过程中追求自然单纯和容易理解，并以此为使命。要说为什么？因为父亲自己也喜欢自然单纯、容易理解的作品。

为了达成这个使命，他还想为它付出一生。

1　指黑泽明的电影作品《暴走列车》（どですかでん），模仿电车行驶时的声音。

可是人类的生命有限，因此父亲非常伟大。

父亲曾经说过："只要对生生不息的万物充满爱，无论怎样活下去都有意义，会觉得活着真是太好了。"

那是个酷暑仍未消散的秋日。

繁盛的石榴压弯了枝头。来帮忙的小泉先生盯着堆成小山一样的石榴，说："来做果汁吧！拍摄《德尔苏·乌扎拉》的时候，我看到颜色像红宝石一样的饮料，不知是什么。一问才知道那是石榴汁，很好喝。"

石榴很难做成果汁。如果把它放在搅拌器里会将石榴籽也榨碎，很不好喝，所以只能将它放进纱布用手捏碎。

"好像对身体很好啊！"父亲一边说，一边大口喝石榴汁。

颜色仿佛红宝石一样美丽的果汁确实很好喝。

在第六个外孙出生之后，我们在迎来的第一个节日里想要做散寿司饭。父亲说"我也来帮忙"，便拿着团扇扇风。

"我以前可经常帮母亲干活呢。"

父亲很少提到他自己的母亲，这是为什么呢？他也很少提到自己的哥哥姐姐。当然，关于妻子、儿子还有女儿也是这样，只会有时略微提及。他是因为害羞，还是因为重视家人到了不想说的地步？我不知道理由是什么。也许男人就是这样的生物吧。

我的哥哥还有长子都是这样，我想是因为血缘吧。我经常提及并且夸赞他们，这是因为母亲曾经对我说过："男人啊，如果不催促他们，他们就什么都不做。"

今天做的散寿司饭非常好。我在里面放了一些我们家人喜欢吃的芝麻，而且仿照野上照代[1]送来的油豆皮寿司，加入了一些柚子皮切成的丝。

“好吃吧？”父亲这个只扇了扇子的人也感到洋洋自得。

排行第六的外孙和父亲一起玩。“给你。”父亲说着把玩具递给了他。他会伸出舌头然后行一个礼说“请用”，将玩具还给父亲。他们不断反复这一过程，可是孙子突然间要把玩具放进嘴里，父亲慌慌忙忙地将玩具抢走。

后来父亲开始指示外孙走到各处，可是他伸手要去拿父亲喜欢的玻璃制品。“喂、喂。”父亲变得比刚才更慌张，将沉重的玻璃饰品放在了地板上，心神不宁地看着外孙接下来要去做什么。

“喂，和子，他果然明白什么是好东西。”

胡说什么呢，他现在还不到一岁啊！我忍不住开始笑个不停。

“别笑了，快来帮忙啊！哦，不行呀，哦……”

没有办法，我只能前往客厅去帮忙。

“他在电视上看到涂成白色的脸就会开始大哭，看见漂亮的风景就目不转睛。看到橄榄球赛会开心地拍手呢！他确实明白。”可以看出来他宠溺外孙的那一面。我告诉父亲，狮子狗辛迪看见电视上的狮子就会狂吠，还会四处看看狮子有没有走。父亲便教育狗：“你可不是狮子的对手啊！”

中午，我拿着别人送的美味的羊羹，去了父亲家。我看到父亲缩着身子蹲在地上啊啊叫，急忙跑过去问：“发生什么了？”

“你看，我的脚趾受伤了。”

1 野上照代（1927—）：日本电影人，黑泽制作公司制作经理。

我看不出来。我走近坐下来凑过去看，才看到了一点点擦伤的地方。

“没关系，好啦。”我帮父亲涂上药，贴上创可贴。

“我正想该怎么办呢！创可贴怎么都贴不好。”

原来父亲蹲在地上，是在贴创可贴啊。

“好了，吓了一跳吧。”

“即便只是一根小指头受了伤，也会感到不方便。”

说得真夸张啊。胆小也是他的优点。

“我带了羊羹，喝茶吗？”

“嗯，好啊！”

他微微跛着脚，回到了平时的座位

“到了夏天，为什么总要放鬼故事呀？如果害怕就会感到凉爽，这根本说不通嘛。如果被惊吓到，自己的体温会降低，反而才会觉得热吧。”

“像爸爸一样这么一点伤就这么吵闹，我才觉得热呢。”

他假装没有听到，继续说：“最可怕的其实是人，人才是最吓人的。我曾经在一个大热天去坐电车，车上的人很多，我的面前坐着一个混混。我怕两人的目光对上之后他会找茬，所以一直低头看下面。然后我看到他的脚背上纹着一行字：‘朝为红颜，夕成白骨’。‘红颜’两个字涂成红色，‘白骨’两个字涂成白色。我吓得汗毛倒竖，一直没敢抬头。”

虽然只是回忆，但是父亲的脸上挂着恐惧的表情。

“确实如此，人是最可怕的。爸爸家门前的路不是单行道吧？可是我开车来的时候，有一个不认识的老太太拼命按着喇叭，然后带着非常恐怖的表情下车走过来生气地对我喊：‘你在做什么呢！这里可是单行道啊！’我说：‘这里是我父亲的家，我天天来，这里可是双向行驶的路。’可是她根本不听我的话，一直在发脾气。因为不通情理，我只好妥协说了句‘对不起’。”

“在高尔夫球场也是，那群大妈不知道是来练习还是来聊天，叽叽喳喳吵死人了。她们的丈夫每天认真工作，真是可怜啊。对了，松原先生（曾经长期服侍父亲的佣人）的女儿寄了封信来。他确实是个能干的人，爽快利落，从来都不浪费时间。他不在身边真是头痛啊！他的状况似乎已经稳定下来了，你去看看他吧。”

“对了，刚才说的话题都是人才最可怕，但是我讨厌看最近的新闻。我认为现在正是需要哲学的时代。要将追寻人类本源的学问……哲学……就算有哲学，人还是会感到饥饿。好了，准备去做饭吧。”

“那我去买晚上吃的东西。”

“今天想吃硬硬的炒面，熊田最喜欢吃这个了，他该快来了吧。他的鼻子很灵，只要有好吃的他就会出现。”

父亲在提到黑泽工作组的工作人员时，总是满面笑容。他们是他的珍宝。大家一起吃同一个锅煮出来的饭，是重要的一群人。我是他的女儿，并且有幸成了黑泽摄制组的成员。我感谢自己获得的双重幸福。

在十二月刮大风的某一天，我因为有会议，很晚才到父亲家里。

“我迟到了，真是对不起。还好吧？”

“你的两个儿子给我做了饭，孩子们已经回去了哟。你一定饿了吧，给你留的饭应该放在哪里了。”

我端着食物回到了自己的座位上，父亲坐到我的面前，说："我也喝点酒吧。"

"我昨天晚上看了一遍《用心棒》。隔了这么久，像在看其他人的作品，真是有趣啊。"

父亲指着我的食物说："这个很好吃，那个还是酱油味的更好。"

"我在想下一部作品拍什么才好。我认为相遇的故事要依据选角才会变得有趣。我还想拍拍警匪片。虽然有很多想法，但是我不能等到有了开始的苗头再继续培养，年老的我没多少时间了。"

"虽然到了这把年纪，但是我对事物并没有变得迟钝，而是积累了更多感受。但是恋爱主题就不行了。以前读屠格涅夫的《初恋》时心潮澎湃，现在完全没有感觉了。"

他讲得很开心。

"虽然不属于乔治·西姆农的梅格雷系列，但是他的厉害作品不少。比如《无辜者》《猫》之类的，都是令人感到惊艳的作品。他的作品对女人的怨念好像很深啊！梅格雷系列真是不错。作品总是与酒吧和酒有些关系。他经常喝的酒叫什么来着？"

"是不是卡尔瓦多斯啊？他也经常喝红酒和掺水烈酒吧。在询问的时候经常点啤酒和三明治。"

"就是它。我半夜读书的时候，角色总吃些非常好吃的食物，连我都觉得饿了。真是输给他了。他们经常去的地方是不是叫太子妃啤酒馆？"

"是啊！叫小羊羔的什么风，感觉非常好吃。前段时间看了斯科塞斯电影的录像带，忽然想吃意大利面，然后就做了一份。"

"对吧，会睡不着吧？可是我们怎么开始说这个了？对了，和小国先生聊天的时候也会跑题，意识到的时候已经不知跑题跑到什么地方了，简直像个笨蛋啊。说这个然后又说那个，想要回到原来的话题。那个家伙有时会被奇怪的地方吸引。比如，‘你刚才说了橙子吧！’‘确实说了。’‘拼写确实是……’就这样子开始了。‘说到脐橙，上面有突起吧！’‘在英语里 navel 有肚脐的意思。’‘是啊。’‘Naples 虽然是 Napoli 的英文名，但是完全没有关系。’就是这样的话题，越说越多。他是一个有学问的人，可以阅读英文，喜欢追根溯源。只要一提起这样的事情，话题就又不知道跑到什么地方去了，真不知道是怎么回事啊！嗯，刚开始烦恼这些的时候，不知不觉天亮了。与他相比，本多[1]真是一个老实人。他总是微笑着听我说话，显得非常认真。本多从来没有和人吵过架，他真是厉害啊。”

“你饿了吗？”

“如果让本多去做味噌汤的话，做出来的数量肯定会和人数一样，想多喝一碗都没有。真是搞笑啊，实在是太严谨了。我还不饿。”

“梅格雷？梅格雷的话题呢？”

“在日本不可能拍那样的警匪片，因为警察机构差太远了。你不觉得那个不善交往的刑警是一个有趣的角色吗？无论是梅格雷系列，还是八十七分局系列，都细致地刻画了每一个人的性格。《七武士》的剧本也是这样，这方面不仔细的话不行啊。”

“八十七分局的作品我虽然差不多都读完了，但是西姆农的作品全集不好找啊。”

“记得你说过阿加莎的作品全都读完了吧。西德尼・吕美特的

1　本多猪四郎（1911—1993）：日本当时著名的特摄电影导演之一，代表作有《哥斯拉》、《归来的奥特曼》等。

电影版《东方快车杀人事件》拍得很好。《沉默的证人》也不错。对了，八十七分局系列的《杀手的契机》，如果改编成剧本一定很有趣。”

父女两人之间不知结尾的对话，就像这样一直愉快地持续到深夜。

因为母亲已经去世了，我与父亲的聊天时间有原来十二倍那么多。

有些日子聊天时间短，有些日子可以聊很久。

在采访中、对谈中、工作时、电影节上，我一直在听父亲讲话。

每当我提到这些事情，总有人夸我厉害，照顾父亲无微不至。我实在不擅长应对他人的赞美，敬请体谅。说实话，也有不少事情让我受不了。我也曾经想过要逃走。我曾经在心中喊过上千次“不想当黑泽明的女儿了”，可我还是一直守护在父亲的身旁，直到他离开。这是一件幸福的事情。无论什么事情都随着父亲的离世而被埋葬，只有美好的事情留在心中。

父亲曾经说过：“无论如何，夫妇都应该到死都在一起。回忆中都是美好的事情，就可以原谅对方。如果一直记得，人们无法变得美好。”

倾听父亲的教导对我而言既是学习，也能够获得力量。

我经常想，如果能够再多听一些就好了。关于哥哥和六个孙子、关于父亲的三十部电影、关于父亲珍视的黑泽摄制组，还有关于他自己的事情，我想听的故事仍有许多。

和父亲一起聊天的时光非常快乐。

客观地说，父亲不仅是我最好的聊天对象，也是能够理解我的人。如此理解我、可以坦诚聊天的人，以后不可能再遇到。

总在父亲身旁的我，一直害怕会失去“被需要而带来的幸福”，因为没有人比父亲更需要我。

这份幸福究竟是什么呢？可以说，这正是作为女儿的无可替代的幸福。

第六章 黑泽明的生活状态

“我不是熊猫，又不可能去吃竹子，你问我几点睡觉、几点起床、做些什么，这些有意思吗？我真的不懂。”

“如果鳗鱼从头部开始生吃会很好吃。要想有精神就去喝人类的鲜血。每天半夜爬起来舔一舔……这样说的话，会让他们开心吧。”

黑泽明的生活状态究竟是怎样的呢？作为和他生活在一起的人，我认为他的生活很正常，但是我也想知道其他人是如何看待他的。

送报纸的人停下自行车将报纸送来。之后过了不到一个小时，父亲去邮箱里取报纸。然后躺在床上，认真地看报纸的每一个版面，之后再睡一会儿。当然了，拍电影的时候，日常作息与平时不一样，那时自有那时的方法。

真正醒来的时候已经将近中午了。

首先他会用盐仔细地擦洗牙齿。他擦得很认真，我们甚至担心他的牙会不会被磨掉。

之后他开始认真地刮胡子。即便是经常陪在他身边的小泉先生，也曾经说过："我从来没有见到过老师不刮胡子的样子。老一辈人的仪表总是很好，我们得好好学学。"

然后父亲去洗澡，身上总要穿崭新的内衣。这是母亲的嘱咐，父亲严格遵守着母亲的要求。

T恤、POLO衫、衬衫、运动服、毛衣、裤子、牛仔裤等等，都用大纸做成标签分好类别。母亲离世之后，我变成了父亲的服装师，将我们喜欢的衣服按照季节分类，放在容易取用的地方。
父亲在国外的电影节上经常被夸奖说"衣服真好啊""领带真适合您"，父亲便会回答说："我只是穿着女儿为我准备好的衣服的人偶。"那他可真是一个年代久远的人偶啊。父亲一只手拿着袜子从二楼走下来，我告诉他因为楼梯很滑，要在一楼穿上袜子，他便如此做了。

面包片上放着涂满黄油的煎鸡蛋，浓厚的咖啡表面浮着一层漩涡状的奶油。为了健康，使用的砂糖并不是白糖，而是未经处理、含有较多矿物质的糖。

我将芹菜、胡萝卜和苹果用搅拌机制成汁。即便是蔬菜沙拉或者是水果，哪怕将它们切成了方便吃的形状，父亲也会觉得很麻烦不想吃。所以我想出了这个补充维生素的方法。

这就是父亲的早饭，近半年以来都是一样的，主食有时是麦片加上煮鸡蛋或者炒鸡蛋，父亲甚至为它起了一个外号叫"半年鸡蛋"。总之一直在用这样的食谱。

医生曾经告诉他鸡蛋里含有胆固醇，因此每天只能吃一个。但是此后鸡蛋变成了他喜欢吃的食物，他自己也承认这是因为自己性格古怪。

父亲最喜欢吃半熟的鸡蛋，生熟程度大概是用滚水煮三到四分钟左右。

母亲时日无多那会儿，我曾经与姐妹一同将前往伊势志摩的旅行作为礼物送给她。出发的那天早上父亲做了早饭送行。虽然我明白他的心情，但那是他第一次做饭，我有理由怀疑他的水平。无论是做菜的动作还是做好的饭菜都显得非常笨拙，令人想笑。

从中午开始，他便坐在电视正对面的固定位置。眼镜、牙刷、电动剃须刀、药品等经常用的东西都放在了触手可及的地方。

父亲看电视时不停地变换着频道。有心情的时候就回到自己的房间里看书、画画、篆刻，也会将想到的事情记在创作笔记上。

父亲有时在庭院里面练习高尔夫挥杆，路过的邻居打声招呼，父亲则以微笑回应。他有时也会被影迷包围，在庭院里聊天。父亲对待年轻人特别温和。

在附近有一个书店，父亲每月会在散步途中去买一次书。他每次会买很多书回来，没有找到某书的话就会拜托小泉先生或者熊田先生去买。

父亲在拍摄现场虽然是一个急性子的人，但是在日常生活中却显得很悠闲，慢慢地、仔细去做每一件事情。

因为母亲讨厌指甲不干净的人，父亲非常关注自己的指甲，经常一边看电视一边认真剪指甲。

父亲会将用过的绘画道具全都洗干净，放回原处。

本多先生、小泉先生、熊田先生还有野上先生都住在附近，白天时不时过来陪陪父亲。

他也曾经和本多先生一起去高尔夫练习场。有时会说“我出去流流汗”，一个人去练习。

到了星期天父亲变得很忙碌，甚至想要在自己的面前摆三台电视机，从早到晚都在看体育节目。到了相扑或者是棒球的比赛季，父亲每一天都要看。父亲支持的棒球队是巨人队，喜爱的相扑选手以前是大鹏，现在则是千代富士。

父亲非常喜欢体育运动，年轻的时候经常打棒球，甚至还有传统游泳法的资格证书。听说他担任助理导演的时候，每天要和本多先生一起游到明治神宫附近。

父亲曾经当过陆军的体育教官，从小开始就在体育方面受到过不少嘉奖。父亲常说“夏目漱石也曾是一个运动员”“这正是需要体力的职业”等，滔滔不绝地夸赞体育运动。

特别是游泳，父亲认为这是遇到水灾时以防万一的基本技能，因此如果有孩子了首先要教会他游泳。因此我从三岁时开始，只要到了夏天，父亲便会把一个巨大的塑料游泳池取出来，将我扔进去。我长大了之后，父亲会让家人在每年夏天将我带到游泳池。母亲有许多亲戚住在镰仓，我便接受在游泳部的表兄的特别训练。我的游泳技术因而变得高超，这令父亲很高兴。

父亲的零食都是一些对身体好的食物，如和式点心、糕饼之类。但是父亲也喜欢奶酪蛋糕和咖啡果冻。

补充水分非常重要，我曾经考虑让他喝特制草本茶，但父亲不喜欢这种味道，没能坚持。到了夏天，我则用各种草药做成类似麦茶的饮料。父亲非常喜欢喝浓绿茶，喝了很多。

虽然如此，父亲最喜欢的饮料还是咖啡，喜欢母亲做的黑泽口味。

他经常主动说："喝点咖啡什么的吧！"这个咖啡由等量的哥伦比亚、巴西、秘鲁、高山等咖啡豆混合在一起，略微有些酸味。父亲喜欢喝浓咖啡，特别是现煮的。

到了下午五点多，我和外孙们就回家了。饥肠辘辘的父亲正伸长脖子等着呢。

到了父亲家之后，我会立刻进厨房。然后魁梧的父亲走进来不停打扰我："今天吃什么呢？"

父亲没有特别喜欢吃的东西，也没有非常讨厌吃的东西。年轻时他的嘴唇曾经因为吃青花鱼而肿了起来，以后就吓得再也不敢吃了。因此我家一向不吃青花鱼。

去国外的时候，我家从来都没有过必须要吃日本菜的状况，即便长期住在国外也十分淡定。父亲认为好不容易到了外国就不要吃日本菜了，真是帮了大忙。

如果将我们家的菜谱详细地记录下来，我和母亲做过的菜简直可以成为一本书。再详细记录做法的话，不知道可以写出多少本呢。

我刚刚结婚的第一年，三百六十五天中每天做的饭菜都不一样。母亲的菜都是需要精心制作的菜品，而我有工作，所以快速便捷是最重要的。婆婆曾经夸赞过我："你的菜都是什么时候做好的？简直像变魔法。"但是我现在单身，父亲也已经不在了，做菜的技能快要没有用武之地了。

无论做出多少种类的饭菜，父亲喜欢的菜品总是固定的。

我需要考虑配菜的平衡，还要考虑营养和身体健康，以此来决定每一个星期的菜谱。

父亲与我每天晚上吃一样的食物，但是白天不同，所以有时会产生分歧。在我们一起吃晚饭一段时间之后，我渐渐明白了父亲的口味。

母亲和我从来都不会愚蠢地去问今天吃什么、明天吃什么。我们有作为专业主妇的自信。当然，如果他自己说想要吃什么，这对我们而言是很大的帮助。

饭菜的原材料和季节感是重要的因素。最重要的是要选择质量好的原材料，注意不要掩盖它原有的味道。父亲的嗜好就是这一点，所以做饭时要注意不要破坏食材原有的味道。

春天煮嫩竹笋、炸野菜，在竹笋饭上加鲜味炖树芽。父亲非常喜欢鲜味炖树芽，将它放进嘴里的时候肯定会感慨活着真好，以此来抒发享受春天的芬芳。

在夏天的餐桌上，摆的都是父亲喜欢吃的清淡菜。冷豆腐、毛豆、贝类、烤茄子、腌菜、醋渍菜芽……父亲真是一个地地道道的日本人啊。

到了秋天，父亲会急切盼望秋刀鱼，问我们："还没有上市吗？"他会一边说"肚子附近发苦的部分才好吃呢"，一边将别人的饭菜夹走。父亲高兴地说过："秋天真是一个好吃的东西吃不完的季节，菜谱也变得丰盛了。"

冬天则经常吃火锅。有黑泽家的什锦锅、千秋实发明的豆腐火锅、鸭肉火锅、土手火锅，甚至还有奶酪火锅。虽然这里无法一个一个写下来，但是最受欢迎的是雷鱼火锅和鮟鱇鱼火锅。

晚饭时喝的饮料是冰镇的浓绿茶，在一年中没有变化。

至于菜品的摆放，父亲不喜欢摆盘或者装饰，说："看上去自然又健康就可以了。"

关于平时吃的肉，父亲最喜欢的是牛肉。母亲曾经向牛肉店老板请教，仔细钻研过肉的种类还有每个部位最好吃的做法。那位老板白手起家的故事颇为有名。

只撒了盐和胡椒的牛排、牛肉火锅、涮牛肉片、酱汁牛排、烤牛肉等做法简直数不过来。我家的所谓煎牛排是在餐桌的炉子上放一个烤炉，然后给锅里倒上棉籽油，之后将切成五毫米厚的牛里脊肉或者牛肉放在上面烤。再将大蒜炒味噌作为调味料，和肉一起用生菜叶子卷起来吃。炒洋葱、豆芽、香菇，蘸白萝卜泥和柠檬酱油吃。如果吃腻了，还可以用肉蘸萝卜泥。因为父亲不喜欢吃蔬菜沙拉，我们才想出了这样的吃法。这成了父亲很喜欢的一道菜。

考虑到营养均衡，为了能让父亲吃蔬菜，我家每天都会有芝麻拌菜、炸蔬菜、醋渍菜、酱菜、炒蔬菜轮番登场。用白萝卜、西兰花、菜花、小洋葱头、胡萝卜、口蘑等来做清炖牛肉，目的也是让父亲多吃点蔬菜。

菜品吸引人的特质在于香味还有调料味，这对母亲而言是不可或缺的。父亲也喜欢浓郁的香味，平时用的调料种类非常多，在吃火锅的时候就准备得更多了。

如果酱菜有各种各样的颜色，吃的时候会让心情变得更好。喜欢酱菜的我非常明白，所以我将米糠酱菜视为珍宝，有时还会从京都订购好吃的酱菜。

父亲几乎不吃意大利面，但是非常喜欢吃各种米饭，例如意大利燉饭、意大利米沙拉、西班牙式海鲜饭还有焖饭。

有时家里会吃硬一点的炒面还有拉面。做拉面的汤就在前一天备好，而且不能只有拉面，还要准备饺子或者春卷，非常辛苦。

父亲最喜欢吃日式荞麦面，刚从国外回来就想吃天妇罗荞麦面，但他几乎不吃乌冬面。

父亲喜欢喝浓郁的味噌汤，例如剥皮鱼和洋葱做的，或是猪肉味噌汤。

除了青花鱼，父亲什么鱼都吃，但是吃的机会不像肉那么多。父亲喜欢吃萝卜鰤鱼、鲣鱼刺身、葱煮金枪鱼、煎贝类、煎舌鳎。

到了晚年，父亲吃刺身的频率就像吃鸡蛋一样，曾经连着吃了半年金枪鱼和扇贝。

父亲不喜欢较硬的蒸米饭，喜欢松软的，可是我喜欢硬一些的。如果饭煮得硬了会被父亲训斥。

对父亲而言，好吃的饭菜总会和有趣的故事一起登场。如果餐桌上有好吃的食物，那么有趣的话题便说个不停，饭菜也变得更可口了。

吃完晚饭之后，父亲经常看电视或者看录像带。听说拍电影的人吃饭速度都比较快，在孙子们还小的时候，他们以为伟大的人吃饭速度都很快。

除了体育节目，父亲经常看《世界真奇妙》《北野武的电视保卫战》《开运！一切鉴定团》《直播至清晨》《每周美术馆》《烹饪高手》等。当然也会看新闻和电影，此外还会看古典音乐会、纪录片和动画。

父亲有时会抱怨说：“明明是部无聊的电影，我竟然看完了”或者“半夜电视上出现很美味的食物，真受不了”。真是一个电视迷啊。

父亲认为夜宵是给头脑的营养，早饭是给身体的营养，所以我家每天都会吃夜宵。一般是奶酪吐司面包、三明治、炒饭、炸饭团和茶泡饭等。

住在代官山的时候，某天深夜，父亲说他的肚子饿了。妈妈和我那天已经很累了，互相看了看对方的表情，走进厨房。虽然觉得很麻烦，让父亲生气的话就更麻烦了，所以我们用了方便面。去掉里面的调料，煮好之后将它放入拉面碗，然后加上芝麻油、芝麻、海苔和葱。说一声“做好了”，将它放到父亲的面前。我和母亲偷偷笑着，互相拍对方的肩，假装什么都不知道。

“真快啊。”父亲一边吃一边疑惑地用筷子戳剩下的干葱末，最后默默地将面吃完了。这是父亲这辈子唯一一次吃方便面。

晚上十点之后是父亲读书和学习的时间。创作剧本时，写作时间固定在早上十点到下午五点。平时则在安静的夜晚，据说此时最能够集中精力。

父亲不喜欢澡盆，经常淋浴但很少泡澡。有时候我说难得洗一次，父亲虽然会去泡澡，但是像小鸟洗澡一样，立刻出来了。

橄榄球赛或者高尔夫球赛开始之后，父亲便会通宵看比赛。熊田先生每个月会来住几晚，两个人便一边聊天一边喝酒直到天亮。父亲是个夜猫子。

某天晚上，睡在二楼的熊田先生听到了“喂、喂”的喊声。一片漆黑之中，他的脸突然被手电筒照亮，吓得立刻站了起来。一看，站在那里的人是父亲。“喂，似乎停电了，什么灯都点不着了。”熊田先生心想已经要睡觉了，所以停电也没有关系吧，但是不能违抗父亲的意愿，只得与父亲一起下楼，最后又迎来了“喝一杯吧”的局势。两个人裹着被子喝到天亮。

美味的饭菜、好喝的酒再加上可以聊得尽兴的对象，这几个条件凑在一起会让父亲感到愉快。父亲自己说个不停，将心中的想法整理清楚。这样可以提振精神，也能将情绪维持在一定高度。

关于使用的物品，父亲的原则只有在平日中使用符合自己美学观的东西，从不考虑商标或品牌。

寻找外景或者在外景地的时候，父亲买到了不少好用的盘子和玻璃杯，得意洋洋。对我们而言，因为平时要经常使用，所以便利才是最重要的。

经常会被问及“你用的文具是什么牌子的？”“导演的椅子是特别定做的吗？”之类问题，可是我们父女都是不拘小节的人，不知道应该如何回答。

父亲用 2B 或者是 B 的铅笔写作，虽然纸上没有格子，但是每一行正好写下二十个字。这是父亲的习惯吧，年轻的时候一定练习过很多次。

父亲的绘画用具有水彩、蜡笔、彩色铅笔、彩色粉笔……什么都用，不容易保存。

用的打火机是最便宜的一百日元打火机。有时会收到高级打火机作为礼物，但他认为太重、容易弄丢，如果有人喜欢便会送给那个人。

父亲喜欢观赏野花，但不喜欢在家中放鲜花。他认为鲜花与他不相配，花的香味会让他想起来葬礼，感到不舒服。一起去别墅的时候，我在路边摘了一些野花养在房间里，父亲说：“噢，挺可爱的！”

至于餐具，父亲喜欢古伊万里的瓷器，平时经常使用。住在松原的时候，年轻的佣人将不小心打碎的碗藏在排水沟里，堆得像小山一样。搬家时被发现了，佣人后来被惩罚了吧。此后平时只用结实的大碟子了。

至于袜子，因为父亲的腿脚不好，他也很挑剔，让我们煞费苦心。他不穿袜口紧的，也不穿松垮的。我们实在不知道应该怎么办，只能不断尝试。

选鞋子的关键在于舒服还有不打滑。运动鞋还好，但是与西服相配的皮鞋真是让我们费尽心思。在鞋底贴橡胶底、刻划出凹凸不平的痕迹、千方百计地让鞋更宽松。可是父亲的双脚仍会立刻肿胀起来。每天要轮流为父亲揉脚，几乎成了孙子们的回忆。父亲将自己的双脚笑称为“鲸鱼脚”。

只要脚不舒服，心情也会不好。我们曾经用过按摩器、食物疗法、湿敷、针灸、艾灸等不少方法、武器与父亲的脚“战斗”，从未胜利过。

如果家里整理得太整齐，父亲会感到不舒服，但他也讨厌乱糟糟的。他说，总有一种程度会让他觉得刚刚好。

父亲喜欢狗，曾经养过大型博美犬米尼和波尼，还有那只怀孕后便逃跑了的牧羊犬桑尼，英国可卡犬普蒂和儿子艾斯（有一个规矩，出生的第一只狗的名字首字母必须为“A”）。父亲最喜欢的狗是雷欧，在血统证书上，它的名字是“安纳布尔纳的罗斯布兰奇”。这条圣伯纳德犬有一间八叠大的狗屋，配备了电风扇。圣伯纳德犬如果缺水，唾液会变得浑浊，因此房内总有新鲜的流水。这条狗曾经在比赛中荣获冠军，父亲为它感到自豪。

博美犬刚到我家的时候，身长不足二十厘米。它有张酷似狸猫的脸，因此被称为“小狸”。父亲在外拍摄《德尔苏·乌扎拉》时，博美犬死了。父亲回来后哭了起来，被母亲训斥道：“和子可是一直忍着呢！”

渐渐地，父亲不再饲养动物了。但是应孙子们要求，他买了一条西施犬。

因为它长得像辛迪·劳珀，所以起名为辛迪。按照人类的年龄来计算，它已经年近百岁却仍精神抖擞，比父亲离开时还要年长。真是个顽固的老婆婆。

虽然父亲的衣服总由我们来搭配，但是父亲会认真看电视上的时尚节目。“今年似乎流行酒红色啊。”“那种奇怪的衣服真的可以穿吗？”“定制和成衣有什么区别？”问了各种问题。

从鲁邦三世到现在的自行车、年轻人的流行语，父亲会向孙子们问个不停。他对什么都有兴趣，会向所有人提问。他不仅仅是个想要吃更多食物的人啊。

和年轻人聊天的时候，父亲特别高兴。“虽然现在经常使用御宅族这个词，其实这样的人以前就有，那时候根本不知道应当如何称呼他们，这个称呼方式真的很恰当啊！”父亲对此感到很有兴趣。当父亲听说有女孩用洗洁精洗白米的时候，他感慨说：“马上就要成为母亲了，这真是可怕。”

对年轻人的流行语，他并没有显得保守。“只要明白是什么意思，变成了利于交流的俗语，不是很方便么？不过也要好好读书啊。”父亲说，“无论什么时代的老年人，都会批判现在的年轻人，我年轻的时候也被批评过呢。”

无论是谁说的有趣话题，都会成为他的酒后谈资。儿子的朋友五十岚高广曾经说过“胃里的青蛙不知道什么是大海”“手臂上挂着海苔”等名言，父亲想象着画面，然后笑了起来。在很长一段时间里，父亲喝酒时都会提到这些。

父亲不喜欢理发店。“剃胡子的时候，被碰到的地方会肿起来，实在是受不了。”因此我成了父亲专用的理发师。我买了一套“太郎的理发套组”，但技术一直不好。我还去买了专门用来剪头发的高级剪刀、带安全刀片的梳子，可仍然剪不好。我的技术一直没有长进，仔细一看剪得长短不齐。

还好父亲的头发不多，他也不会在镜子里仔细打量自己，所以我就佯装不知。

用理发工具完成造型的父亲非常可爱，但是他说头发碰到耳朵会不舒服，又得去剪掉，我感到有些不耐烦。

加美乃素的护发水很好用，不仅对头发好，还能够治脚气，被蚊虫叮咬的时候也可以用。虽然我至今不知道为什么自己会有这样的想法，但是平时总放在身边使用。

父亲喜欢下将棋，经常和小国英雄先生对弈。看报纸上刊登的将棋残局也是父亲的兴趣之一。

我小时候经常玩国际象棋和扑克牌。我玩记忆扑克牌的时候简直是个天才。我的长子也是，从未品尝过失败的滋味。大概是遗传吧。

父亲喜欢喝威士忌，人尽皆知。以前喝 *White horse*，有一阵喜欢 *Cutty sark* 的清爽感，晚年经常喝 *Royal White Horse*。父亲年轻的时候曾经一口气喝过一瓶半，随着年龄增长，酒量渐渐变小，但八十多岁的时候还能一口气喝半瓶多。即便躺在病床上，父亲也没能离开威士忌。

在父亲年轻的时候，黑泽家的新年从早上八点开始庆祝。到了晚年，则从十点开始。全家人坐在餐厅里互相祝福新年快乐，新的一年就这么开始了。

筷子上贴着父亲手写的“祝”字，然后将鸭肉煮菜和过年时吃的特别菜品放进高级饭盒里。

鸭肉煮菜非常好做。用鸭骨熬汤，加上盐和酱油，然后加入鸭肉、鱼糕片和青菜，最后用柚子提味。特别之处在于将鱼干片切成了两厘米厚左右，还有吃的时候加入白萝卜汁。

母亲和我都是大大咧咧的人，所以每年的年糕都会烤焦。如果儿子来烤，就会烤成刚刚好的金黄色。某一年的正月，久违的又是由我来烤年糕，结果我还是把它烤焦了。父亲笑着说：“真是怀念，不过还是金黄色的好吃啊。”

当我还是个小女孩的时候，过年时吃的特别菜品就由我来负责。虽然一直按照传统的做法制作，但这只是装饰，主菜仍是大家喜欢吃的鸭肉煮菜。但是只有鸭肉煮菜还是太寒酸了，所以直到父亲最后一次过年，特别菜品从没有缺席过。

吃完鸭肉煮菜之后，我像小时候一样坐在父亲的旁边，一起看电视剧上的能剧和狂言，这是一直以来的习惯。现在想起来，总是我和父亲两个人坐在一起看。大家都因为感到太拘束而逃走了。

每年正月初二要走亲戚，正月初四到初六要举办黑泽摄影组的大型新年会，所以对我而言正月就相当于吃个不停。

虽然每天忙忙碌碌，但是不知为何正月的气氛总是非常悠闲，时间平静地流逝。直到初七为止，父亲从早到晚都待在家里，既不工作，也不用外出。有了孙子之后，孙子会在他的身边玩闹一整天。我和父亲都觉得，过年只要放松地在家里发呆就可以了，新的一年都是这样开始的。

父亲喜欢将大家聚在一起。直到孙子们上小学为止，如果有人过生日，大家都会一起庆祝。

我们庆祝父亲的生日，直到他离世那年迎来的米寿。“蛋糕上插了八十八根蜡烛，简直要看不到蛋糕了。”我仍记得父亲当时说话时的神态。

在父亲去世之后，父亲视如珍宝的黑泽电影工作人员们，每年以“九六会”[1]为名，在父亲的生日三月二十三日齐聚一堂。

直到上中学为止，家人每年都会为我过女儿节。庆祝端午节也差不多到那时候。将菖蒲放在屋顶上，吃粽子和柏饼，用有菖蒲叶子的水来泡澡。但是不知道为什么，家里没有挂鲤鱼旗，却挂着画家前田青邨为哥哥画的卷轴，上面画着一个武士头盔。

因为三个外孙都是男孩子，所以开始在位于御殿场的家里挂鲤鱼旗。可是东京的家太小，只能用其他人家的鲤鱼旗来庆祝。父亲笑着说：“这不是借风景，而是借鲤鱼旗啊。”

父亲离世那一年的5月5日，我那四岁的儿子看见随风飘扬的鲤鱼旗，问我那是什么鱼。我一下子不知道应该怎么回答才好。我将这件事情告诉父亲，父亲咯咯地笑了。

因为我们家的职业，到了夏天经常没有办法过暑假。夏天也没有特别的活动。父亲怕热，稍微练习一会儿高尔夫球挥杆，就会变得像块湿抹布一样瘫在地板上。“啊——”“呀啊——”地不停呻吟。

喜欢空调的父亲与讨厌空调的女儿之间的战斗，终于结束。父

1 黑泽明离世于九月六日，“九六”可读为“KURO”，也是黑泽（KUROSAWA）的“黑”字读音。

亲逃到了凉爽的御殿场别墅。虽然是我的胜利，但还要准备行李。实际上可以说是我失败了吧。

去御殿场的时候，本多先生、小泉先生和熊田先生也被我们一起叫去了。我做好了出门的准备，然后陪他们一起去御殿场。在暑假，我不仅要照顾孩子，有时还要照顾老头子。

在别墅住的日子比较愉快。父亲和本多先生仿佛回到孩提时代，为每天制定各种各样的计划：今天栽种了毛豆的苗，明天又将成熟的黄瓜做成腌黄瓜，还要抽时间修剪树木。为了接下来能够喝到的啤酒，他们满头大汗、一忍再忍。

吃晚饭的时候，也许因为环境不同，我感到聊天的话题比平时稳重。父亲一边静静地眺望夜景，一边津津有味地喝威士忌。

过了十二月中旬，迎来了“师走”[1]，其实应该叫“和子走”。

二十四日或二十五日要开圣诞派对，有四十五位左右亲人聚在一起。近几年的主菜是我做的意大利料理，我用父亲喜欢吃的鸭肉取代火鸡肉。

布置圣诞节的装饰时父亲也会开心地参与。派对上肯定会玩宾果游戏，父亲看到孙子们开心的脸，就感到非常满足了。当然，父亲也会参加游戏。他用粗壮的手指在宾果卡上戳出洞的样子，是当时最有趣的一幕。在这十年间为了让父亲开心，我们举办了各种各样的活动。

临近年末的时候，我们会在父亲喜欢的店铺元町梅林举办黑泽工作组的忘年会。眼花缭乱的菜品让大家吃得快要倒在地上，直喊“饱

1 日本对年末的一种称呼。日本到了年底，家家户户会请来僧侣举行佛事，这些师父忙于奔走各家，由此得名。

了、饱了”。宴会结束时父亲会问候大家：“让我们明年也一起开心工作吧！”

二十九日，我去筑地买需要的东西。三十日，我带着注连绳、门松、镜饼、松枝与水仙的插花还有草珊瑚前往父亲家。因为父亲教导我这些不是只装饰一晚上的东西，所以我迅速将花插好后开始准备过年。父亲每年都要笑着确认这些是不是和往年一样。

到了三十一号的晚上，过年时吃的饭菜就都备好了。吃完晚饭后开始做新年的多层饭盒。

家里过去用约有五十多六十厘米见方、装饰着金莳绘的饭盒。但是近年，父亲认为这像是主公去赏花时用的东西，所以将莳绘图案换成了小一些的。

过了十一点就开始准备过年的荞麦面。准备好普通的汤和带鸭肉的汤之后，大家一起听着除夕的钟声，一边吃荞麦面。

最后，我们一起听着南天群星的演唱会整理餐具。

这就是黑泽家一年四季的光景。

来者不拒，喜欢热闹。将得到的好东西分给其他人，为了有困难的人四处奔走，借东西来帮助他。大方却又有些多事，虽不是老东京人，但从不会在手头留钱。只要能过下去就可以了。

这种将随意与认真混在一起的生活状态，正是我父母开创的黑泽家家风。

第七章 梦

为什么我会成为黑泽工作组的一员？详细的状况我不清楚，也不记得了。

某天在家中，父亲坐在他的固定座位上，野上先生和小泉先生坐在他面前。因为我坐在他们附近，所以可以听到三个人的谈话。

我只记得父亲对我说：“哎，咱们一起工作吧！”

因为那时母亲刚去世，父亲也许觉得我很寂寞，所以才邀请我。或者是因为工作人员担心年迈的父亲，提出了这样的建议。

如果我在父亲身边的话肯定会更方便，但是我没有从业经验。我确实不是因为才能才被选中的。

父亲的这句话让我全身的血液都涌上来了。在那种专业人士云集的地方，我真的可以吗？我后悔自己没有好好学习，整个人僵住了。

我从还是婴儿的时候开始，就被黑泽工作组的成员抱在腿上。

我就在这样的环境中慢慢长大。从小到大，经常听到关于电影摄制现场的话题。

可是我走进影片拍摄地的次数屈指可数。我在家中就可以感受到电影拍摄现场有多么严酷。我也非常清楚拍电影的人有多么严格，或者说有多么奇怪。

可是我继承了父母的好强和强势。我的人生就在那时改变了。

父亲是黑泽工作组的老大，而我是处于最末位的手下。作为女儿，必须要维护父亲的尊严。

于是他们开始讨论让我加入哪一个部门。他们提出了好几个方案，让我担任副导演或者是美术设定。因为我在还没有结婚的时候，就在做时装搭配还有服装设计的工作，因此我立刻被分配到了服装部。

从那时开始，我就开始拼命努力了。

我首先给服装部的负责人和田惠美子女士打了一个电话。我已经不记得当时自己说了什么，她又做出了怎样的回答。

我放弃了自己家里的家事，还有作为母亲的工作，为此我急忙找来一个保姆。可是我辞不掉作为女儿的“工作”，每天晚上还要去父亲家做晚饭。

拿到剧本的时候我非常高兴，一遍又一遍地读。

我又去买了几十本书进行突击特训。我不知道自己究竟想知道什么，只是忘我地学习。

大家在背后众说纷纭，说我是个新人会给他们添麻烦，会给父亲打小报告，是个大小姐什么都做不了。可我根本不在意。作为黑泽明的女儿，无论我做什么事情，肯定会有人在背后说闲话。可能我比其他人努力几十倍才能够得到他们的承认吧。

黑泽明的电影工作室开始准备拍摄电影，刚开始由几位助理导演进行准备。在黑泽明电影工作室二楼的房间里，首先由主要工作人员和助理导演一起开会。演出指导是本多猪四郎，执行制片人是野上照代，摄影师是斋藤孝雄和上田正治，美术设定是村木与四郎和樱木晶，照明师是佐野武治，录音师是红谷愃一，服装师是和田惠美子，制片人是黑泽久雄，主任助理导演是小泉尧史……

因为我什么都不明白，所以无论什么会议我都会去参加，和黑泽工作组的人们变得越来越熟悉。我想要去学习电影的制作过程，还有电影的术语和行话。

父亲的会议总是时间短、节奏快，因为父亲可以画分镜，一边展示分镜一边讲解。

助理导演们有许多问题想问，但是不方便插话，犹豫应当如何是好。当父亲在房间里的时候，电话铃声响起会让大家神经紧张，只能小声地说“待会打回去”，然后拿着电话本走出房间。

房间内充满紧张感，空气仿佛凝固了一样。但对我而言，父亲就是父亲，所以丝毫不紧张。主要成员大多数是我从小就认识的人，说话十分轻松。

我需要小心的是以助导演为首的其他工作人员。

我不想被特别对待。我是最新的新人，所以理所当然地想像其他新人一样工作，不想被其他人网开一面，反而希望他们对我的工作提出严格要求。

我非常明白自己的到来会给他们添麻烦，所以直到工作室的其他人都回去之前尽可能待在那里。我想要了解各种各样的工作。

我也尽力参与准备工作，想要尽可能的为助理导演们帮忙。因此我经常去图书馆，这也同样是为了收集我们部需要的资料。

我尽可能的早点到现场，我努力像一个新人一样打扫卫生、泡茶。

现在想一想，那时的我对他们而言肯定很麻烦吧。毕竟是老板的女儿在身边走来走去。我不知道那些不了解我的人对父亲说了些什么，总之肯定希望我快点回家。

一个人总在某处呆着，会渐渐习惯那里。即便我在场，也会听到各种各样的话题。

这部电影的片名是《梦》，充满了导演本人的主观印象以及对其他人而言很难理解的东西。这部电影由八个单元组合而成，简直就是要拍八部电影，非常复杂。

我不由得感叹助理导演的工作真是辛苦，同时再次对已经经历了这一过程的父亲感到尊敬。

助理导演正在做准备工作，根据时代背景，确认应当准备怎样的场景、演员的发型、使用的道具、花束、天气、蝴蝶……甚至画面上出现的一根针，然后将它们传达给各个部门。助理导演的责任很重大。

我觉得自己仿佛看到了埃德·麦克贝恩的八十七分局的刑警们，看到专业人士的工作流程让我受益良多。

他们在不伤自己面子的前提下，将很难直接开口问父亲的问题换一个方式说，让父亲在不经意间说出答案。“这么说来，老头子曾经说过……”他们就像这样“漫不经心”地提问。

“话说回来，那时候主人公手上拿着什么？”他们每天热烈地讨论电影，在讨论过程中提问。

过了好一阵子，助理导演拜托我："和子，帮忙去问问这件事。"这让我特别开心。不浪费有限的工作时间，也说明我因为没有对父亲说闲话而得到了信任。他们开始将我视为同僚，这一点令我十分感激。

因为父亲会回答我的所有问题，所以我请教了不少不懂的地方。我以前只是他的女儿，现在成了黑泽工作组的一员，以此为契机，父亲的回答更详细了。对他而言，这也是值得高兴的事情，因为我们能够一起愉快交流的时间越来越长。

和女儿一起工作，就可以在不用复述现场细节的情况下聊天，父亲感到很幸福。对我而言，能够和父亲一起愉快地工作也很幸福。

我在准备"水车之村"这一段落的衣服时，依据在书上看到的名字，去了十和田。

我背着双肩包走在路上，点心店的老爷爷从店里走出来，递给我糖果；乘坐当地的列车时，有老婆婆递给我点心——不知道他们是认为我的肚子饿了，还是觉得我可怜；有许多人向我问好，分给我各种各样的食物。这次温馨旅行中的种种相遇，让我越来越喜欢这份工作。

我根据书本记载找到了菅野瑛子老师的所在地，那里的管理者向我展示了裂织织品。我由衷感谢古人的智慧和美学观念，并得到了样品。

父亲为山本嘉次郎担任主助理导演时，片中的演员穿着色彩鲜艳的乡村工作服装，戴着非常帅气的帽子，看上去简直不像是日本人。父亲将它们画成了画交给我，让我在询问菅野女士的时候有据可循："我在找这样的东西。"菅野女士说："我去找找。"得到这句答复之后，我回到了东京。

在父亲的主外景地与大家会合的时候，我收到了期盼已久的好消息。帽子寄来了，是在田间劳动的时候戴的帽子，名为“端折”。父亲欣喜地说：“就是它、就是它！”

虽然得到了端折帽的样品，但据说制作它的人已经不在了，费尽心思去找也没有找到。据说给村政府打电话，得到的回应是，前不久还有人在做，但是那个人已经去世了。制作它需要特别的手艺，所以已经无法生产了。真是不知道如何是好。

此时我接到了一通电话，据说在三户的立市，每个月会有一两批端折帽出货。还有人正在制作啊！

菅野女士用尽各种办法，终于找到了一位名为川村长八的人。

我立刻前往青森县拜访，发现川村长八先生就像是“水车之村”里的老人，正在编织端折帽。实在是太感谢了。

可是，就在心想终于好了的时候，我们却又遇到了挫折。“俺不喜欢东京人儿。”他对我说，“电视台的家伙吵死啦，我就假装我死了。那些家伙根本不给钱！”我简直没法和他说话。

我拼尽全力说服了他，预订了八十个端折帽，并且表示可以付订金。没想到他却说：“东西还没有做好，我不能收钱。”所以我只能把钱先交给菅野女士，一个个地去买新做好的端折帽。

心想终于完成一件大事，但我还没有找到自己部门负责的乡村工作服装。

据说有一位名为田中忠三郎的古代民间用品收藏家，我就出发前往青森县找他。

现在想起来仍然觉得辛苦。在做影片的准备工作时，我经常在下午五点下班后出发去上野，然后乘坐最后一班夜行列车去青森。数不清自己去了多少次。

某一天，田中先生啪地拍了一下膝盖，说：“明白了，和子。我感受到了你的热情，借给你吧。”

他当时拥有的乡村工作服都是国家指定的文化财产，因此他买了几百件未被指定为文化财产的衣服交给我，让我随意使用。他还让弟子们制作了许多件使用“菱刺”技法的围裙，上面的图案很漂亮。我真的非常感谢田中先生。

从菅野女士那里得到了近百条裂织织法制作的腰带和围裙，负责小道具的人为它们添上了过去只有在节日才使用的各色绳结。

如同父亲所构想，农村人在出发前会穿的、鲜艳美丽的服装终于准备好了。

父亲又提出了要求。棺材上的布要使用不丹产的布料，男用围裙要用染色的厚木棉布做，手背上的装饰布要手工制作。不知道电影里有没有拍到，我们在细节部分用红线和天然布料做了包边。

制作笠智众先生的围裙时费了不少心思。父亲说要用和绿色相配的红色，我的直觉告诉我应该用猩红色。经过与棉布的一番战斗，终于做出来了——先将棉布染黑再染红色，才有了这样的颜色。我家用来洗衣服的地方变得一片狼藉，但是做出来的围裙从父亲那里得到了认可。

和田惠美子女士很关照我，除了“桃园”和雪女、梵高等外的衣服，全都交给我负责。

“风雪”中的披风、“隧道”中的军服、“垂泪的魔鬼”中，将衣服弄脏的工作颇费时间，让衣服显得真实格外困难。我想尽办法，父亲也教了我不少。有好几种将衣服弄脏的方法，根据场景不同，方法也不同——但这是我的商业机密。

在“乌鸦”这一部分中，出现在阿尔勒吊桥上的洗衣妇们身着的衣服颜色，是我在自家浴室里染的。必须将衣服的颜色染得和梵高的画一样，非常困难。但因为有趣，我做得很起劲儿。回过神来，我家的浴室已经染上了各种颜色，特别花哨。

在准备《梦》的时候，有几次外国客人来拜访父亲。我陪父亲一起接待，但是手上总是一块黑、一块蓝。因此，在晚宴的餐桌上，我不得不将手握紧，好把颜色藏起来。

终于进入正式摄制阶段啦。

福田明先生担任服装部主任，他面对准备拍摄《乱》时严酷的状况，曾发誓说：“如果我不能完成这次的工作，以后再也不当服装师了。”他作为专业人士最终完美地完成了任务。他并不在意我是黑泽明的女儿，严格、平等地对待我，教会了我不少细致入微的知识。如果没有福田先生，我想我根本不可能继续将负责电影服装这一工作做下去。

长野阳子女士是服装部的“妈妈”。她在背后温柔地支持着我这个一心一意的、第一次做电影工作的人。她很体谅我，因为我不仅要了解电影制作整体、奔走于各个部门，还要照顾父亲和准备食物。我深受她的照顾。

二十岁的大塚满也是第一次参与电影工作。大家都很喜欢朝气蓬勃的他，他现在已经是一个能够独当一面的黑泽工作组成员了。

服装部的成员里，只有和田女士和福田先生曾经合作过，其他人都是第一次共事。工作狂福田、认真的长野、率真的大塚、冒失的和子，我们一同合作至拍摄《大雨天》。这个团队的合作精神就是在《梦》的制作过程中培养出来的。

工作人员们要清楚：电影是导演的东西，每个人都要和导演向着同一个方向前进，要观察并注重整体；还要明白电影的完成度也取决于自己部门的细节，所以要拼尽全力努力。这就是我们服装部的执念。

熟读剧本，准确把握故事背景和人物。然后按照这个人的性格和职业，制作能够讲述这个人生活经历的衣服。

考据也很重要。如果不抓住这一点，服装便会显得不合适，不能让角色看上去不行。要站在穿衣服的人的角度上思考，还要注意身体动作、穿的时候感到冷还是热。

角色第一次在镜头中登场时，要注意强调他的印象。关键就在于能够反映出角色特质的服装。

以污渍为首，要注意并不遗余力地让衣服看着自然。

不能只重视自己部门的事情。电影要靠所有人齐心协力地完成，要互相提醒注意到的事情，人手不足时要互相帮助。所有工作人员要为了做出更好的电影而团结一心，不断努力。

为了愉快地共事，也要擅长聊天和争吵。因为现场那愉快且严肃的气氛会体现在影片中，所以让有热情参与电影制作的人们在和睦的氛围中工作，这一点很重要。

“现在的工作人员们太老实了。导演的工作就像是驯兽师，应当操纵这些血气方刚、个性鲜明、固执己见的猛兽，将他们的长处发挥出来。”

“制作电影时，要将努力的力量聚合在一起成为更大的力量，不断积累、创作下去。因此要毫不留情、不顾体面，真心实意地干下去。”

这些话都历历在耳。

父亲曾经如此教导过我：“导演站在第三者的角度判断状况，只要演员和所有工作人员都尽力，就可以做出来高质量的电影。如果心想蒙混过关，或者‘只要把这些做好，就可以守住自己的位置’，这是不行的。无论是怎样的工作、努力与否都会在电影中反映出来。千万不能偷懒，因为这种事情会被镜头拍下来，真的哦。”

父亲将受如此想法影响的黑泽工作组的成员视作珍宝。无论何时，只要提到摄制现场和工作人员，父亲便会笑逐颜开，语气中充满温柔与爱。我每天晚上听他讲述有关电影的事情，作为黑泽工作组最末席的成员，每天都会有全新的动力源源不断地涌出。这是我没有预料到的幸福。

父亲非常信赖同事，经常说：“导演都是旁观者。”正是因此引发了《影武者》中撤换演员胜新太郎一事。胜新太郎要求经纪人拍摄自己的表演，但是父亲说“要听导演的意见”，两人因此产生冲突。

此前，胜先生曾经想以《影武者》中的兜帽、铠甲扮相去参加某人的葬礼，当场被父亲责备。从那时开始，两人的关系产生了微妙的变化。这也是那次事件的导火索。

据说有一段惊心动魄的往事，父亲去胜先生的露营车里通知他被撤换的消息时，胜先生突然暴怒，起身想要殴打父亲。工作人员慌忙前来劝阻，保护父亲。

过了很久，胜新太郎在高尔夫球场遇到了我的哥哥，对他说：“请告诉你的父亲，我在电影上输给了导演，但说不定可以在高尔夫球上胜过他。有机会一起打吧！”互相仇视的日子终于过去了。

我又将话题扯歪了，总之，只要尽力完成自己的工作，黑泽火车头就会拉着大家前进。在父亲的摄制现场，总是充满着这种安心的感觉，还有大家向着同一个方向前进的爽快。

在昭和天皇去世的第三天，电影《梦》在东宝的摄影棚中开机。

本多猪四郎先生重视布景，他曾经亲手绘制木头的花纹，被父亲称作“本多木纹神”。他那时正在拼命地抛光地板。这是我第一次经历场景转换，所以有些过度紧张。因为所有事情都需要帮忙，所以我能帮什么忙就会尽力去做。

父亲温柔地对我说：“有些事只有做了才会明白。”但是我完全不懂摄影和照明，当我没有用准确的电影术语、或者用错了的时候，就会被狠狠瞪一眼。所以除了服装之外的书我也买回来学习。

在服装部，记录应该做和需要注意的事情的便签多得像一座小山。我每天都不会偷懒，一心一意不断地工作。我每天为父亲的晚饭奔走、听他讲电影的事，每一次问各种事时又被他瞪了一眼。回到家之后查一查不明白的事情，然后读读书。倒在床上之后一睁眼，又迎来了新一天。

总之，我一直在工作。越工作、越开心。这辈子第一次体验到的满足和快乐淹没了我。因此我才能够努力、更努力。

我感到非常幸福。我终于遇到了自己想做的工作，这份心情与努力到最后快乐地合二为一，渐渐接近父亲坚持的目标。我觉得自己仿佛能看到那究竟是什么了。

我一边看着手边的剧本，一边写下这段话，现在真想立刻回到摄制现场啊。电影摄制现场的活泼、紧张还有沉重的责任感汇聚在心中；还有互相开玩笑且信赖彼此的同伴，大家支撑着彼此向着一个方向前进，让我感到幸福。这也许就像是思乡之情吧。对于出生在东京没有故乡的我而言，这个地方让我体会到了有故乡的人的心情。

“垂泪的魔鬼”这部分是在三宅岛拍摄的。寺尾聪先生在表演中开始走路的时候，夹克衫的纽扣没有扣上。但当他走完的时候，有一颗纽扣扣上了。我的心脏跳得好快，直到听到“好了”。副导演维托里奥说：“因为风太大，从荒地的远处走过来，所以才将前面的扣子扣上，没关系！”直到我听到导演说连说几句“可以”，才放心。

“隧道”这部分拍摄于御殿场，当时的气温在零度以下。十六分钟的长镜头简直要把脚都冻得走不动路。满面铁青、化着恐怖妆容的一群人走进便利店去买东西时，周围有人吓得呆住了。在雾中的隧道里，大塚先生一边高喊“和子，好可怕啊”一边跑了过来。这些都成了晚饭时愉快的谈资。

“风雪”一场戏摄制于横滨的黑泽工作室。后来我遇到小乔治·卢卡斯的时候，他问我那场戏是在哪里的山上拍的。我心想：“竟然骗过了特效专家呢！太好了！”那是用一大堆盐和木棉絮堆起来的山，当时把附近卖的盐全都买空了，甚至桌上摆的调料盐都用来凑数。大家都觉得十分好笑。

拍摄由鼓风机吹起的木棉絮“暴风雪”的两个星期间，所有的工作人员都打扮得像在雪地里行军，戴上了防风眼镜和口罩。有许多天，这宛如地狱的拍摄过程持续到了深夜。

制作雪女的棉被时，上面绣满了闪耀的金银色图案，耗了很长时间。但是雪女飞翔的镜头需要重新拍摄，需要更引人注目的装饰。因此我们开始重新制作。

拍摄雪女盖上一条又一条棉被的镜头时，服装部的人和助理导演全都躺在巨大的冰块上，向原田美枝子的手中递棉被。大家的身上沾满冰水、木棉絮和盐粒，简直像落水的老鼠。

沾在棉被上的天蚕丝并不像我们预想的那样容易去除，父亲因此生气地咆哮。我们也很难控制风向和降雪量。

雪女盖的棉被被面与内里布料的缝合位置从近处看位于中心，但是从导演的视角看有些歪斜。我没能很好地向父亲解释这一点，被他训了一顿。但是现在这也变成了美好的回忆。

某天，父亲背后的脚手架附近突然掉下一大堆木棉絮，落到了他头上。“掉到了我的头上，这家伙可真是怨念颇深啊！”父亲笑着说，大家也一起笑了。

回到家里，父亲的肚脐眼里、我的眼睛里，都进了木棉絮。来帮忙的人一边叹息一边打扫。

总之，当时的黑泽摄影棚里全都是木棉絮。听说过了几个月，有人在这里拍电视广告，将空调全部打开之后，闪闪发亮的新车上立刻落满了木棉絮，当时工作人员的脸色立刻变得铁青。

用高倍望远镜拍摄“红色富士山”的过程也很有趣。父亲被红色的烟雾包围，大家慌忙大喊：“什么都看不见了！”那天刮着强风，就连箱子都能被吹走，因此我们用体重压住它们。那时，道具组的麻美小姐眼睛里进了砂子。我尝试将眼药水递给她，但是刚挤出来的药水被风吹走了。麻美避开风向，翻开眼皮。她的举动实在是太不可思议。还没有点好眼药水，砂砾便掉出来了。

时隔很久，我回到东京的家里。父女两人像往常一样，面对面坐在一起。父亲看着我的脸，问："拍电影有趣吗？"我说："实在是太有意思啦，我简直要上瘾了。"父亲听到我的回答，频频点头："对吧，很开心吧，很有趣吧？"，父亲的皮肤由于日晒变得像黑白颠倒的熊猫；女儿的皮肤颜色也被阳光烤成了褐色。二人此时已经超越了父女关系，成了战友。血缘关系使我们感到安心，两人目光闪亮、皮肤发光，又开始兴致勃勃地讨论摄制现场。

"桃园"的拍摄过程不断推进，快到拍摄人偶跳舞的场景了。为了让人偶更像人偶，我们在它的袖子里塞了棉花。此外装饰的刺绣与绢质衣服本身就很厚，所以当我们想要缝上装饰绳的时候针线很难穿透布料，由于过度用力，针的尾部都快要戳进手指了。我们只能将人偶用胶带固定在塑料板或者厚纸上，然后戴上皮质的顶针来缝制，这简直是和布料的战斗啊。

正式拍摄的时候，我们半夜两点起床，三点开始准备东西。我与福田先生两人一组，我跟着福田先生学会了如何穿各种衣服，这令人感到很高兴。

两天的进度顺利推进，拍摄也一会儿就完成了，大家纷纷欢呼喝彩。桃花花瓣中的人偶仿佛梦一般。因为我们此前曾经进行各种尝试已经有一年多，摄影能够在三小时内完成，这是缜密彩排的功劳。

在穗高拍摄"水车之村"时，天气变化简直要气哭我们。

某天本已经暂停拍摄，但是我不经意走进父亲房间的时候，看到窗外阳光灿烂。躺在床上的父亲立刻坐了起来："敌人已经攻进来了，你为什么不叫大将起床？"父亲训斥我，然后我立刻跑去找助理导演小泉先生。

"开拍了！"父亲飞奔上汽车，但是工作人员四散在各处，不知道他们在哪里。

那时手机还没有普及，我们只能开车寻找他们。我们坐在面包车上，在城镇的繁华街道上，发现了刚从荞麦面店出来的摄影师上田先生和录音师红谷先生，便立刻将他们拉进车里。

回到现场后，还没有发现福田先生和寺尾先生的踪影。我们借了一辆车，飞快地开去取戏服。那时我们晚了一会儿，福田先生和寺尾先生刚刚出门。唉，后来总算赶在云彩飘来之前拍完了这一幕。

表演送葬的一群演员们，穿上了我费尽这辈子的力气准备好的衣服和帽子，边唱歌边跳舞。最终效果达到了父亲的要求："要能够衬托出绿色。"父亲难得地夸奖了我，说："做得真不错。"

田中忠三郎先生前来参观时，说："我长年收集古代服装，但是衣服要穿在人的身上才能获得生命，活生生地动着的才是衣服。很久以前一针一线地做出这些衣服的老婆婆们，真不知道会有多高兴啊。非常感谢你们，我从来没有这么开心过。"他看着表演，泪流满面。

拍"垂泪的魔鬼"时，准备完毕之后，我们要在中午前登上富士山，然后等待光线，直到傍晚。我们像被灶上的小火烤着一样，慢慢地被晒黑了。但是经过导演再三训斥才做好的鬼的衣服，在阳光下看上去质感很好。我心想自己竟然能够做到这样的程度啊。

在御殿场拍摄外景时，父亲会住在自己的别墅里。拍摄结束、服装部的人都走了之后，我开车前往父亲住的地方，去给他做晚饭。在那里，熊田先生会先去为父亲准备洗澡水，并准备一些小菜。此外，本多先生或摄像师斋藤先生也在，还会有两三人时不时出现。透过窗户，可以看到父亲大口喝着啤酒的样子。

当我走到前院时，父亲会高兴地向我招手，微笑着迎接我。他有什么事的时候，我一眼就能看出来。这时，我便会立刻走进客厅问他发生了什么，想出解决方法。

在盂兰盆节的假期，我们要前往北海道，拍摄“乌鸦”的外景。负责“梵高”部分的马丁·斯科塞斯导演会在完成他的工作之后才来，因此我们还有足够的时间。

自北海道设置气象观测台以来，这里的天气第一次变得如此炎热。我们要拍摄寺尾先生散步的镜头。我和负责种花的化妆师藤懿裕美子一起去买花，因为拍摄角度，必须要将花延伸到视野的尽头，我们忙到汗流浃背。在附近的农家得到的井水无比美味，简直就是甘露啊、甘露。

北海道的人告诉我们：“因为天气太热，今天有几十头牛都被热死了。黑泽工作组的人可真是顽强啊。”大家被说成“比牛还结实”，真不知道该哭还是笑。

拍摄快要结束了，所有工作人员都很开心。每当聚到一起就会讨论拍摄的话题，因为大家都是喜欢电影的好人。拍摄“太阳雨”时，从五大三粗的、负责照明的小伙子到爷爷奶奶级别的工作人员，都抱着花束，一起种花，这场景着实好笑。拍摄“水车之村”时，有放飞蝴蝶的一幕。那时一群大男人斜挎着笼子，一起追蝴蝶，附近的居民看着他们，心想：这群人是笨蛋吗？

拍“水车之村”时，为了让河流显得清澈，我们将农用水道堵住了。因为堵的时间比预计更长，农家人举着锄头四处追赶制作部的人。父亲的训斥也因为各种趣事奇事而被忘记，每天过得嘻嘻哈哈。

我到了那个时候才第一次喝掺水的威士忌。我本来滴酒不沾，总以“父亲将我家三代人的酒都喝尽了”为借口推脱。可是为了消解一整天的疲劳，我学会了在看电影时喝威士忌、去卡拉OK唱歌。照明部的人表演裸体舞蹈、发型师相见为幸先生表演魔术……我受到了这些开朗真诚的人影响，简直改变了我的人生。

日子一天天过去，我渐渐被电影吸引、着了魔。作为黑泽明的女儿，我从小耳濡目染；现在与他在同一个地方工作，心中充满了欢快与喜悦，这些让我成了一名电影迷。

父亲曾经说过：“超越专业，成就艺术。”

可是现在的我仍难以被称为专业人士。我只有热爱电影的心情。能够与大家共事令我的心中幸福洋溢。

《八月狂想曲》中需要准备的服装很简单，父亲认为我能做好，因此让我全权负责。将我称为“服装设计师”可真是太抬举我了，我会感到害羞。我想和大家一起弄脏、拆开、洗涤还有修改衣服，因此我的头衔只有“服装”二字。

父亲经常对我说《八月狂想曲》是夏天的工作，当时真的很热。

在最热的日子，黑泽工作组的成员将多得像饲料一样的炒面一扫而光。建造在秩父的老婆婆的住房布景里，有长崎产的点心、挂着印有“刨冰”的装饰旗，这样的地方令我想要游玩一番。

对我而言，这部作品是与笑容阳光灿烂的父亲一同制作的、充满回忆的作品。

父亲完全放松时，每天晚上打麻将、画分镜，以此为乐。哥哥已经做好了“电影是父亲的昂贵玩具”这一觉悟，始终为父亲尽孝。

无论是《八月狂想曲》还是《袅袅夕阳情》都没有盈利，为了填补欠缺，哥哥靠做其他工作四处奔走。他认为“让老头子拍想拍的电影，这就是我的工作”，从不抱怨，因此父亲感到对不起他。

电影《袅袅夕阳情》全部在东宝的影棚内拍摄。我每天从家中出发去现场。我经常和父亲一起吃饭，所以想起了不少事情。

父亲会就演员的演技向我提问：“你喜欢第一种还是第二种？”“你想要什么样的感觉？”

不仅服装，父亲还会询问我关于饮食、用餐礼仪、餐具等方面的问题。所以我不得不学习。父亲也教会了我许多。现在特别想继续向他请教，可是已经无法回到过去了。

制作《袅袅夕阳情》的服装时，最费劲儿的工作是寻找战时、战后人们穿的又粗糙又厚重的布料。因为战争的缘故，留下的资料不多，我只能询问认识的人或者还在世的亲戚，将他们保存的照片借来，以此设计服装。

拍最后一段“摩阿陀会”时，有一位长年为母亲制作衣服、名为佐藤的老婆婆仍保留着当时的服装设计书籍，我将其作为参考。我还记得母亲那时穿的衣服，所以设计衣服的工作很轻松，我也明白了制作东西的乐趣在哪里。

我还能和父亲一起制作几部电影呢？我好想和父亲一起拍历史电影，再被他训斥一番。我想被毫不留情地训斥“这也不行、那也不行”，想和父亲一起制作一部高难度作品。

那天终究没有到来。即便父亲已经不在了，但是被父亲视为珍宝的黑泽工作组成员们还在，他们仍旧有着工匠之心。我作为黑泽工作组最末位的成员，还算不上专业人士，只能靠着父亲教给我的工匠之心，一步一步向上前进。

只有一次，父亲将我视为工作人员，在访谈中讲述了他的感想。

“她直觉很敏锐，不用多说就能领悟。她对色彩也非常有感觉，因此挑出来的都是合适的颜色。也能融入集体，无论做什么都能从中获得乐趣。和子也是一个喜欢电影的人呢。我们每天吃一样的饭，天天在一起，只要说句‘这个那个’，她就能心领神会。”

作为黑泽工作组的成员得到的唯一一次夸奖。我将此作为我的至宝。

正因有我难以超越的、厉害的黑泽工作组的成员们在，黑泽明才能拍出电影来。感谢上天，我的感激之情难以言表。

“当机立断、旁观者清、画龙点睛，我只会这些。剩下的都是我那些优秀的组员们的功劳。”

为留下的黑泽工作组成员们建立一个能够共事的工作场所，这就是我和哥哥的报恩。

以《梦》为首，我和父亲一起制作了三部电影，每天都望着“坂上之云”[1]不断前进。这是父女二人无拘无束的纯真、幸福时光。

这充实的每一天，弥补了我小时候那些被电影夺去了父亲的日子。

1 指司马辽太郎的历史小说《坂上之云》，在作品中用来比喻“远处的理想与目标”。

第八章 病榻上的日夜

《袅袅夕阳情》上映后，电影《大海作证》的剧本虽已完成，制作计划却没能顺利进行。但是父亲没有像以前一样表现得焦躁、愤怒。“年过八旬，自己虽不是富冈铁斋[1]，但我想以超然物外的心情来拍电影。”父亲说。

我一直怀疑，这个血气方刚的人能变成那样么？

确实，从开始拍摄《梦》的时候，父亲对第二天的拍摄充满期待、兴奋不已的气氛减弱了，他也不再沉浸于自己的世界中，有时甚至忘记第二天要做什么，仿佛在疗养一样悠闲度日。

也许有人会认为不再固执的黑泽明很无聊，但是人总有一天会迎来豁达乐观的心境。

1 富冈铁斋（1837—1924）：字无倦，日本文人画画家，他一生崇拜苏轼，与当时的中国文人罗振玉、王国维等有交往，还与吴昌硕信函往来切磋书画技艺。

人会改变，这是成长，也是年龄增长的体现。

此时，父亲的心情一直没有改变——他想拍摄那些自然而然想要去拍的内容。

“如果让现在的我去拍《七武士》，这简直是让我去死啊！人的兴趣在变，年龄也在增长，不可能一直保持一个样。据说有一种方法可以用电脑进行统计，得知什么最受欢迎，我实在不喜欢。”父亲说。

如果没有全神贯注去做的事情，就觉得很难生活下去，这一点我也一样，所以很能够理解。

在资金还没有确定下来、等待的时间里，父亲热衷于学习篆刻和日本画，也没有半途而废。这完全不是消磨时间。

因为电视台的采访，父亲和我前往京都。我们久违地去了母亲喜欢的高山寺，有时散步，有时在走廊上休息。父亲静静地观赏红叶，我看着他的背影，心想他的体格仍旧健壮。

我们在“大市”这家店吃甲鱼，喝日本酒。父亲说：“如果能通过这扇圆窗看到雪景就再好不过了。”之后，我们一如既往地热衷于讨论电影相关的话题。

去京都的时候，一定要叫上剧作家小国英雄先生。

这两位老相识的相处方式一直没变，真是奇怪。

小国先生对着腿脚不便的父亲说：“也许就是因为你的腿太长，现在才变成这样。你看我，腿这么短，所以才没事。”他一边说一边跺着地。

“你说什么呢！我和你一起在海边散步的时候，回头看看留下的脚印，还以为自己在和一只企鹅一起散步呢！”父亲还嘴。

“我可都靠你了。”小国先生的固定台词又出现了。父亲开玩笑回答他说：“我明白，我明白。如果你死了，我在那边仔细地挖个洞把你埋进去。再往上面堆上五郎太石，就明白你在这儿啦。我保证当你的治丧委员会会长，不要担心。”

结果，最后小国先生开始呜呜地哭。父亲哄他睡着后，说：“真是的，这家伙总是这样，想让我生气。虽然我感到不满，但是这么令人无法憎恨的家伙，我可是从来都没有见过。”那是我们最后一次与小国先生一起旅行。

小国先生于1996年2月离世，父亲躺在病床上，难过地说：“我说好要当他的治丧委员会会长的，真是对不起他呀。”

那次从京都回来后，那个冬天父亲罕见地发了高烧，感冒一直没好。父亲不安地说：“我真是年纪大了啊。”

后来我们参加颁奖典礼再次前往京都的时候，父亲的心情总是不好，身体状况也不佳。那次旅行的气氛非常沉重。

“少喝酒，平时注意运动。”我们用尽各种方法想增强他的体力，却要不停地与他的顽固对抗。他在我们不在的时候偷偷喝酒，大口吃零食。我曾想将它们藏起来，可是父亲总能够找到。真是个令人发愁的老头子，我们的担心他根本不放在心上。

他的健康已经出现了问题，顽固的他从不听医生的忠告。只要对他说：“去医院做次检查吧！”他便不再理会人。如果想让他过得开心点、心情好一点，就要在吃饭的时候注意和他聊天，这能让他打起精神。

那时已经决定要拍摄《梦》了，为了保证他能够完成作品，而让他去做了体检。我回想起去取检查结果时的事情。

当时是 1988 年的初春，父亲的主治医生哐啷哐啷地摆弄着医疗器械，用我们不想听的数字还有困难的医学术语解释："接下来由谁来照顾黑泽明？这能决定他还能活多久。"医生说："在他这个年纪，还算有体力。可是从数据看来有点问题，他的大脑患有疾病。总之喝酒以及高卡路里的饮食绝对不行。"

我只能盯着地板看个不停。三年前，我在医院照顾母亲直至她离世，那之后，医院就成了令我全身起鸡皮疙瘩、有着伤心回忆的地方。我的脑海中浮现出父亲的脸庞，心想从今往后应该如何对待这个不听话的人，这份责任重得令我快要失去意识。

面对一把年纪还穿得很花哨的我，医生说："你没听说过么，他可是世界的黑泽明。和一般人不一样。"他一边感叹，一边生气地斜视着我。

其实我没有听他的话。因为这个沉迷于电影像被附身一样不断前进的、名为"黑泽明"的火车头，从今往后应当如何生活，没有人比我更了解。

现在最重要的是接下来的生活。

"好的，我明白了。"我说着离开了房间，但是医生的话仍旧没停，不断从身后传来。我挺了挺胸膛，关上门。

我至今感到后悔，自己那时为什么不转身向医生表达感谢呢？

不知为何，医院的走廊里响起了喀啦喀啦的响声。这声音直刺我的大脑和心脏。

方就是方，三角就是三角，我要直视现实。

真正的温柔会化为坚强。

不知何时，父母教会我的事情融化了刚才那刺耳的脚步声，让我的心中充满勇气。

走出医院，我微微地笑了。“向上前进，奔向崇高。”一瞬间，我的脑海中浮现出没有人对我说过的这个句子，旋即消失。

蓝天下，一座座高楼有深有浅的三角形影子与路面相重合，远方一片光辉灿烂。

我不知不觉脱口而出：“就该做做看！”一群穿着统一制服的年轻女学生咯咯地笑着，走过我的身旁。

从这天开始，我开始研究有利于健康的食品、维生素，甚至还有花草茶、中药，看到什么就研究什么。我读了不少书，并拿自己的身体来做实验。

对身体好，就意味着对心也要好。如果让那任性的父亲受委屈，他的身体状况反而会变差。所以要让他过得开心快活、享受生活，这就是他的活力之源吧。

父亲的精力几乎全部由对电影的热情组成。所以我坚信如果在这方面能够帮助他，就能让他活得更长一点。黑泽明与衰老的战争就此打响。

关于这件事情，直到父亲离世我都没有对任何人讲过，因为我希望他能够心无旁骛地制作电影。

对导演而言，积极向上是重要的品质。他自己也这么说过。如果这样，我希望他能够积极地面对自己的衰老。可是我该怎么办呀？

母亲曾经说过：“男人都是不想暴露自己缺点的胆小鬼。”现在只能顺着父亲的意思来了。让他去拍新的电影、写新的剧本。让父亲积极地向前进，这是对他最有效的药方。

为了调节父亲的心情，我曾邀请父亲一起外出吃饭或是看电影，却被拒绝了。父亲的步伐愈发沉重。

一年又一年，我们出门时参加的葬礼次数渐渐增多。“为什么葬礼总在特别冷或者特别热的时候举行？大概从没考虑过还活着的人们。虽然世上不可能有有趣的葬礼，但是希望能在这方面多用点心。”父亲发了些牢骚，然后说：“走吧。”我便开车出门了。

葬礼的时候，他总安静地低头俯视，也许在思考电影方面的事情吧。回家的路上，他的话便像开了闸的洪水一样，倾泻而出。

“人上了年纪，有人会变得像盐卤过的蜻蜓一样，还有人会变成伞妖怪、灯笼妖怪一样的家伙。简直看不出来谁是谁。岁数渐长，人生经历都刻在脸上。把‘我这辈子是这么过的’写在脸上到街上走动，真是可怕的事情啊。”父亲用憎恨的口吻说。无论是什么，父亲总以摄制电影的态度去对待。“在葬礼上，人们会露出他们的本质。好好观察，肯定能让你学到些什么。”父亲曾经这样说。我在他的葬礼上回想起这句话，仔细观察发现果真如此，获益匪浅。

与父亲同年代的人相继离世，好朋友本多猪四郎先生于 1993 年 2 月离世时，父亲受到了不小的打击。但是他用开玩笑的口吻说道：“再怎么难过也没用，要为了还活着的人不断工作。吃饭睡觉！”

川村义之先生因为担心父亲的状况而赶来，这份心意很好。但是他显得慌慌张张，不知道该做些什么。父亲说：“你很适合慌张，有时会正好需要这样慌慌张张的人，从此任命你为慌张负责人。”父亲年过八旬，应该已经习惯身边人的离世了吧。但是我也明白父亲的故作顽强，当我发觉父亲的心情时，便开始对未来感到不安。

前段时间，父亲的老朋友、摄像师宫川一夫先生离世（1999 年 8 月 7 日）。我不得不前往京都。我发自内心地不情愿去京都，因为在那里曾留下了太多太多与父亲一起的回忆。

以前我与父亲一起去京都，一般先将车开到新横滨，然后看看常去的咖啡店有没有开门，喝杯咖啡打发时间。

父亲曾在京都车站的商店里发现了一副猫咪画，非常中意。这张画一直挂在父亲家的玄关。我们还曾在车站的书店买了在车上看的书。

经常住宿的旅馆“石原”附近有家名为伊野田的咖啡店。我与父亲一同前往卖甲鱼的“大市”、卖山药拌荞麦面的河道屋、被称作“京都厨房”的锦小路。各种回忆喷涌而出。

忽然想起来几天前小泉导演说过的话。“电影一拍完，脑海里便尽是关于老师的回忆，好难过。”创作剧本的时候，小泉先生和父亲长期住在京都。他陪父亲四处散步，度过了安祥的时光。这些回忆至今仍被他牢记在心。如果此时我也流露出软弱的一面，就太不该了。

我们坐上出租车。京都的出租车依旧开得很猛，令人胆战心惊，与京都高贵典雅的气质毫不相称。我切实体会到，自己真是来到京都啦。

父亲从开始拍摄《德尔苏·乌扎拉》的时候，腿脚变得不灵便。在京都的旅馆，他扶着纸拉门想要向前迈步时摔倒了。“我那一瞬间想，这才是完蛋了。”父亲感到后悔。

那时我们正期待着从住了十五年的、位于成城二丁目的公寓搬到位于成城四丁目的新公寓。搬家时如果父亲在场，只会添麻烦。所以我们总趁父亲去外景地或者写剧本的时候，将家中干净利落地整理好。

虽然是很早之前的事情了，父亲从外景地回来后要靠我们告诉他标志物来寻找我们的新家，可是直到傍晚都没有找到。那时候还没有电话，他便去向警察求助。父亲说要寻找自家在哪里，实在令人怀疑他到底是不是正经人。父亲被视为举动可疑的人，感到束手无策。最后，他循着哥哥的哭声终于找回了家。

最后一次搬家到成城四丁目的时候，父亲难得地说要和我们一起搬。但是某天他突然说："我要去写剧本。"不知为何，那时我没能说出"偶尔一起搬家也很有趣啊"，现在仍难以释怀。

"不要喝过头啊！"我送父亲去京都的时候如此叮咛，但是他似乎没能遵守。

大家正在搬家，父亲打来了一通电话，说："我摔了一跤，没什么大事，等平稳下来带外孙来让我看看。"我想他一定是喝多了吧，有些生气。但我听到他精神饱满的声音，又安心了，也露出了笑容。

可是没几天，小泉先生打来电话，说："似乎痛得不行，现在连动都动不了了，我带他去医院。"

我的心脏疯狂跳动，双脚发软。"这新家可能就是他最后的住处了，一定要让他住得舒服啊。"我突然想起这句不知是谁曾对我说过的充满人情味的话。我心想一定得亲自看看状况怎么样，便飞奔出家门。

可怕的日子终于来了。1995年3月，初春时节，我到了京都车站。生性坚强的我双脚居然抖个不停。

我好想将那时的事情一点不留地全部忘记，因此现在只有针尖般的回忆了。我在刚落成不久的医院里看着父亲熟睡的脸，电视上放着奥姆真理教的沙林毒气事件新闻，我却毫无兴致。只记得小泉先生坐在电视机前，说：“发生了不得了的事情。”

其间我曾回过一次东京，带三个儿子过来住在宾馆里，再度过上了每天去医院的生活。我已经不记得自己在京都住了多久。

父亲看到最小的外孙，忘记了腰上的疼痛，脸上露出了笑容。他在孙子们面前总是强打精神。

病房里可以看到小孙子在隔壁公园里奔跑的样子。病床上的父亲，看上去瘦了一圈。

儿子天真无邪地在奔跑。父亲难过地望着天空。

我从小就留下了心理阴影，为什么在京都总发生这些不好的事情呢？我想到朝气蓬勃的孩子们，他们劝我说：“还是吃点什么比较好。”我便去京极附近转了转，但是眼中的京都街景只是影影绰绰的，一片朦胧。

拍《梦》的外景时吃到过美味的大阪烧，但那时只觉得难吃。我只想早点回到和大家有关联的地方，但又想要逃离这里。两种心情在胃中混合，仿佛凝结在其中。

不知道是第几天，我与父亲说话时，他的回应文不对题。我感到自己被狠狠地打了一拳，给哥哥打电话说回东京吧。

我记得哥哥与黑泽摄制组的熊田雅彦先生、小泉先生一起坐上野营车，去了东京的医院。父亲则在那之后坐新干线回去。

我和孩子们一起离开京都。大儿子突然说：“以后再也不想来京都了。”在他乡看护病人，三个孩子也很疲惫。

从第二天起，那三个月里我每天都去看望父亲。下班的时候，高速路总堵车。父亲的体力下降，高烧迟迟不退。我也时不时感到胸闷，跑到一楼去呼吸外面的新鲜空气。可靠的小泉先生和熊田先生轮流照顾父亲，我至今感激不尽。

无论是工作还是经济，哥哥肩上的责任实在太重了。我尽量不想让他来，他总敷衍道："没关系、没关系。"

原来这就是走投无路啊。直到现在，我也是具体一件件处理事情。父亲曾经说过："你可以胜任助理导演啦。"可是，我至今仍对那个不知能做什么的自己感到生气。

医院和看护的人个个都是专家，精通自己的领域，可是他们并不了解黑泽明。这时争吵、不理解、不通情理等状况接连出现，简直像怎么捞都捞不干净的浮沫。

父亲曾经说过，要用真心、要拼命、要正直，与生俱来的纯真是最厉害的。但有时这种纯真没法被理解，我体会到这也是要看时间与场合的。

我一个人去医院的时候总是提不起精神，两腿沉重。此时我会向儿子们喊一声"大家一起去吃好吃的吧"，然后鼓足力气出门。其实我并不想把孩子们带去医院，特别是小儿子。可是我一个人总有一些没有勇气去医院的日子。

对父亲而言，能够看见小孙子就是他最大的乐趣。可是我却变得不像自己，会在小事上钻牛角尖，在医院里训斥小儿子："不要四处乱碰。"这真是令人厌恶的母亲形象。

在弱小的时候遇上困难，处理各种事简直就像避着暗礁行船。

身上沉重的经济负担，简直要压垮了哥哥。他拼命找温柔的话讲，可我听到的却总是严厉的话。我简直变得疑神疑鬼了。虽然能想起些愉快的事情，但难熬的事情仿佛凝固在了大脑里，连事情的正确顺序和前因后果都想不起来。

我和父亲一起看棒球的时候，父亲曾经感叹："呀，那是一朗呀。"从那时开始，父亲也终于慢慢退烧。

父亲的烧刚退，我们心想"就是现在！"便让他立刻出院。父亲每天反复地说想回家。他虽是个说"医院不算什么"这种"豪言壮语"的人，可自从身体机能开始衰退，医院本身变成了可怕的、不安的种子，令人不禁觉得他可怜。已经卧床数月的父亲说，用汽车搬送的时候，他难受得感觉要死了，天旋地转。

父亲的烧一直没退，但出院那天的傍晚，父亲的体温不可思议地降到了正常温度。我看到父亲的笑容，当天难得地睡了个安稳觉。

我心想自己终于能派上用场了，做了各式父亲爱吃的食物。可是父亲说自己吃不出味道。这是长期高烧和用药的后果。父亲吃食物时竟然只能吃得下一小口，我很担心。

新家的对面就是家急救医院，真幸运。于是，我立刻请求医生每天前来就诊。医生刚来的时候，我担心他是否能与父亲合得来。在医院时，父亲好恶分明的性格展现无遗，甚至引发了纠纷。所以我更加担心了。父亲却微笑着说："这位医生简直像能出现在手冢治虫漫画里的角色，据说也是山本嘉次郎导演的主治医生，我很安心。"

大家都希望父亲能再拍一部电影。也许只是出于礼貌，大家说："加油啊，我们还想看老师拍摄的新片。"我们肩负着这样的重任。世界上有期待着他的人呢。

有一段时期，父亲的身体明显恢复了。有着丰富老人护理经验的新野大夫夸赞说："到了这把年纪，病情没继续恶化已经很好了，现在身体状况变好，真是奇迹啊。"新野大夫是妇产科名医，我们打心底信赖她。大家内心很欣慰，觉得父亲也许能恢复健康，也许能再拍一部电影。

我也有了一些自信，开始拼尽全力为父亲做饭。父亲的饭量一天天增长，我的工作就是喂父亲吃饭。给这个身材壮实、平时充满活力的人喂饭，真令我难过。父亲也许更难过。我们一边看电视，一边开玩笑，只希望父亲能再多吃一口饭。日子如此一天天过去。

“已经过了好一阵了，我还想写一部新的剧本。”父亲对我们说。他的这句话让我们觉得努力有了成果，万岁！

已经八十六岁的父亲比新生儿还敏感，一点点小事便会影响他的全身上下。即便他的手指已经不像年轻人一样能有敏锐的感觉，照样会让他的身体状况产生变化。

父亲有着自己明确的美学观，电影是他的事业，所以在写剧本这一点上，他不依不饶、无比任性，绝对不允许我看到他那衰老的身体。想要护理身体、去他身边时，他总会挥手让我走，怒吼着让我离开。我甚至不能移动他的身体。

因此只能让专门负责照顾老人的人来护理。我心想自己要是能抱抱他，尽心尽力，让自己不留遗憾该多好。日子一天天这样过去。

哥哥明白男人的风度，从来不盯着父亲衰老的身体看，太令人感谢了。我也尽可能地不给哥哥添麻烦，总对他说“没事、没事”。

回到娘家的女儿简直像是后妻，我在家里没有容身之地。每天焦躁，无法安心，电话铃声和救护车的声音都会让我胆战心惊。

有传言说近期会有大地震，我内心思考着应该怎么帮助父亲，便开始收集水和食品。我是不是已经看不到自己了？不被人左右、应当以自己的方式坚定生活下去的自己，却开始为各种日常琐碎发愁、头痛不已。

父亲、工作、孩子们，每件事都像一颗不安的种子，在我的心中成长。

我多么胆小无力呀。我讨厌自己，讨厌得不得了。

某天，我和孩子们一起去中式荞麦面店吃午饭，手抖个不停。虽然能将食物送进嘴里，却咽不下去。

最小的儿子让我画一幅鱼，我拿着蜡笔，怎么都画不出来。我似乎在某次大审判的现场，看到过被告人也是这样。我愈发不安，不知自己究竟怎么了。

我瘦了二十五公斤。有时早上起不来床，有时晚上颤抖得无法入眠。我好害怕，但是束手无策。我害怕见到其他人、看镜子里的自己、睡觉、吃饭、去父亲家，这一切都好可怕。

可是我每天仍要去父亲家做晚饭。吃完晚饭后，身体状况差得简直无法站立。我全身发冷、心跳加速、双脚无力。

那时的我对未来一片茫然，变成了一个愚蠢、弱小的人。我坚信温柔就是坚强，无论何时心中总有这样的想法。现在却没法重新站起来，好痛苦。

哥哥和孩子们救了我。他们理解我，并用温柔的话安慰我："老头子的事情就这样了，你一定要恢复精神啊。如果不这样，大家会一起倒下的。"

我此时才发现自己已经累到极点。我听到自己的声音不断地说："不要输啊。"

我和孩子们一起去了迪士尼，难得地享用了一顿美餐。

和儿子们开车出门时，偶然发现乌山有家叫"香味坊"的中华料理店每道菜都好吃，我的体力恢复了。不管别的，首先我能够重新好好吃饭了，这最重要。

我去医院从头到脚做了检查，医生说我一切健康，有的只是心病。我真是浪费了不少时间，至今仍为那时的自己感到生气。

那年的夏天特别炎热。父亲似乎比我更健康。他觉得自己给大家添麻烦，很过意不去，而我努力想要恢复状态。这样平行线一般的日子一天天过去。

圣诞节时，我做了擅长的意大利菜。父亲坐着轮椅参加聚会，哥哥和儿子们当然也参加了，还有黑泽军团的成员共计四十五人，盛况如前。我松了口气。过年时的菜品也像往常一样装在木盒子里，然后和父亲一起吃荞麦面。可是父亲已经很难吃得动荞麦面了，吃荞麦面只成了一种象征。终于过完年了。

对于强迫父亲恢复体力这事，我无法忍受。黑泽明也是一个人，让他轻松愉快地度过晚年难道不好么？我看着父亲时，总会这么想。

世间对伟人的子女总是格外挑剔，至今如此。对身为男儿的哥哥而言，这该是多么沉重啊。我一年三百六十五天陪同在父亲身边，正月时只是回家取个东西，一时半会儿不在，前往父亲家拜年的人便教训我："过年的时候，你怎么能让父亲一个人待着？"但是这都过去了，爱怎样就怎样吧。我是父亲深爱的女儿，父亲对我来说也无比重要。我们两人在一起，这就够了。我们都只是普通人。

母亲离世十三年的纪念仪式顺利完成。

父亲迎来八十八岁生日时，哥哥、我还有孙子们齐聚一堂，愉快地庆贺。

父亲特别喜欢西施犬，将它的照片放在枕边。辛迪、它的孩子“苹果”的毛皮就像绒毯一般柔软，眼睛很大，惹人怜爱。我们每天都带它去看望父亲，只有那天因为客人太多，让它在家看门。

父亲生日那天，我们回到家里的时候，发现苹果死了。不知为何，我有一瞬心想：它是代替父亲走的么？

一成不变的日子仍在继续。这一成不变的日子中，只有季节在变化。父亲慢慢地走向彼岸，只有在看到孙子们的脸庞时，脚步才会稍作歇息。他正在一步一步地走近母亲。我们只能希望这个过程保持平静。

小外孙在父亲的床边来回奔跑。他爬到父亲的床上，注视着父亲，还挺着身子叫：“外公、外公。”父亲微笑着，说脚真痛。两人互相握着对方的手。父亲的目光追随着小外孙，我在他那充满爱意的眼神里看到了小小的幸福。

两人不说话，拼命地用表情交谈。这相差八十三岁的两个人。

“外公，再见！我明天还会来，要精神啊。”这句话成了两人的永别。

9月6日，父亲启程前往母亲身边。

小外孙看到父亲的照片，说：“外公那时好精神啊。”然后他向着天空大喊：“外公，早点好起来，快回来呀。”

“妈妈，外公睡着的时候，看上去好精神呀。”

小外孙将奥特曼之歌的一句歌词改成了“为了守护世界的电影”。没人教过他，是他自己将“和平”错唱成了“电影”。

我在他的脸上看到了父亲的面容，突然心想：这孩子以后是否也会成为守护电影的人呢？

“从小就被决定以后应该如何发展，太可怜了。”父亲这样认为，所以他让我轻松地成长。我生这孩子的时候，也心想在养育他的时候不要破坏他的个性。

“刚出生的时候，谁都是天才。”这么轻松、愉悦成长至今的女儿，现在已经四十五岁了。和其他人相比，人生多了些风浪，但痛苦和伤心的事情早已模糊，留下的只有愉快的回忆。

据说直到三岁为止，我完全是个开朗的小孩子。现在我再次成为了开朗的阿姨。

父亲离世即将一周年，这一年既长又短。

这一年，我依旧与父亲在一起。我负责父亲的遗作《大雨天》的服装，在各种采访中回答关于父亲的问题。现在也像这样写着父亲的事情。

父亲将一切倾注于电影，没有留下多少财产。我的心中却有无数关于父亲的事情。讲啊讲，总也讲不完。这就是我的财产。

父亲是个名人，父亲很伟大。我只是作为他的女儿出生在这个世界上。

我必须将从父亲那里获得的“财产”作为资本，让它成长、增加。

有人指责我，说父亲刚离世，我就开始工作。我不认为穿着孝服、摩挲着遗物哭泣是美德。

应当立刻振作精神，实际地考虑应该如何活下去，并付诸行动。这是我从电影制作中学到的重要一课。

我必须拥有自己的经历。父亲不是红太阳，我此时应该从“父亲是黑泽明”这一庇护下毕业。不给父亲的名字抹黑的念头成了我的心灵支撑，我想自己创造美好人生。

有人问我：“九月六日逝世一周年纪念打算怎么做？”我的回答是：“大家齐心协力制作《大雨天》，在威尼斯电影节上作为追悼进行放映。这最能让父亲高兴，他也会夸奖我们吧。我们打算以此来代替纪念会。”

有人问：“那么，去不了的影迷该怎么办？为什么不摆一个能让大家上炷香的地方呢？”

我说：“父亲厌恶形式。如果举办大型追悼会，不如用这钱来拍电影。热爱父亲和他的电影的人们如果能够为了自己的人生而努力，愉快地生活下去，父亲一定会感到高兴。”

我的声音越来越大。那人盯着我，表情仿佛在说：“我说的话，这女儿真是一点都没懂。”

“请去看电影吧。我们会在片头打上‘献给黑泽明导演’。”我说。

可是仔细想想，我也痛切地明白那个人的心情。看了父亲的电影后，人们不知获得了多少力量。这样的父亲，还有他的新作品，影迷们再也见不到了。

可是，父亲拍摄的三十部影片一直存在。

黑泽明的电影永远存在。

父亲一直活在我的心里——这也是事实。

所以，从今往后，我要自己开始制作了，为观众带去感动，让人们获得力量，我想要培养出这样的后代。现在绝对不迟。大家齐心协力，一起努力。

我写下这些话，可能会被当成说大话的怪人而惹人嫌吧。我只想坦诚地打起精神，才这么说。

和老头子一起工作的电影业界实在太有趣了。我果然太喜欢电影啦。想做的事情堆积如山，是啊，从哪件开始呢？比如说，只有一次也好，我希望在过年时住在宾馆里。从这种父亲在世时想都不敢想的小小愿望，到宏伟蓝图，我思考着自己人生之路，一个人悠闲地喝着咖啡。

现在是下午四点半。如果父亲还在世，我现在应该正在考虑晚饭吃什么、父亲明天的日程安排，然后乘上汽车出门迎战。

第九章 送别会

在黑泽明家，电影业界外的朋友都是些与众不同的人。

不论血缘、职业、性别、年龄、智力和人种，这是群不可思议的怪人。

哥哥偶尔和做音乐的朋友们住在一起，可以说他们就是我家的食客。如果他们聚在我家练习，会有几个人住下来。

黑板上写着：山口八点、横田九点半、鹤原十点。佣人会按时将他们叫醒，有时我也一起去，只见他们蒙着头露出屁股，分不出来谁是谁。我们想要一口气掀开被子，叫他们起床，可是对方还想多睡会儿，拼命扯住被子，很难看清楚脸。

从学校回来后，哥哥的朋友们轮番出现在我家的餐桌旁，和我们一起吃饭。

父亲很喜欢和年轻人聊天，他总是不换位置，在固定座席上喝酒。父亲听着 *Broad side four*、森山良子的歌声，喝酒更是尽兴。

愉快热闹的日子随着大家大学毕业、各奔前程而划上了停顿的逗号。但是大家没有疏远，至今仍有交际。

我住在意大利的时候，有对夫妇与我的关系不错，他们就像我的代理父母一样。

第一次与他们相见的时候，我十六岁。意大利语老师将我介绍给他们，在某个派对中成了知己。

宫川秀之先生出生于前桥，大学二年级的时候想要骑摩托车周游世界，是一个想要挑战一切的青年。

就在那次旅行途中，他在意大利都灵的车展上命中注定地遇到了现在的妻子玛丽萨。玛丽萨是蓝旗亚汽车公司高管的女儿。

此后，他与乔治亚罗一起创办了意大利设计公司，连接了意大利和日本的汽车产业，是一位不断获得成功的实业家。

他收养了印度、韩国、非洲和意大利的孩子，与四个亲生孩子一起共同养育，为了文化交流而购买城堡、设立文化中心，为有精神障碍的孩子组建了一个团体，还经营着一座巨大的有机农场。他是一位虔诚的天主教徒。

这么写可能会让人觉得他是个严肃的好人，其实并不是这样。他充满活力，努力的样子令人感到可爱。夫妇两人感觉有些像漫画角色。

他们去日本的时候，一定会去看望父亲。他的家族庞大，儿子、女儿还有他们的另一半，再加上十二名孙辈，接连来访的时候真是闹腾得不得了。

长子马里奥拜父亲为师，成了助理导演。但他最后选择了与贝蒂娜的爱情回了国。父亲多次让他去费里尼导演那里办事。后来，他被相中，在电影《访谈录》中扮演了一位摄影师。他是个幽默的人。

二儿子宫川善次郎从心底里敬重父亲，大学毕业论文以父亲的电影为题，花了数年才完成。他是个稳重的人。

三儿子宫川安东尼小时候曾经由我家照看过一阵，我记得他曾经在父亲家二楼与放在那里的白熊布偶战斗，是个很会撒娇的人。

五年前我去意大利旅游，回家的时候宫川静子哭着送我回去。她长得像年轻的玛丽萨。他们都像是我的弟弟妹妹。

宫川一家加起来有三十多人，如果全都写下来，恐怕能写完这一章。我没法介绍其他人了，抱歉呀。

无论是戛纳电影节还是奥斯卡颁奖仪式，他们都会来访，带来了欢笑和愉快。

“宫川一家人真好啊。既开朗又乐天，见到他们会让我心情愉悦。他们也培养出了一群优秀的孩子们啊。”父亲总是期待着见到他们。

自从父亲卧病在床，宫川一家人陆陆续续来看望。他们不断寄给我鼓励的传真，我照看父亲时因为劳累过度而病倒，那时玛丽萨妈妈哭着说要把我带回意大利。

父亲离世的时候，需要决定由谁作为代表来出席葬礼。于是，秀之先生、玛丽萨再加上儿子们猜拳，最后胜出的善次郎作为代表立刻赶来了。

我的父母都离世了，秀之和玛丽萨就成了我的代理父母。与和父母在一起时感受到的为了电影而团结一致的爱不同，和他们在一起时，我感觉自己被守护着，被令人安心、舒畅的爱包裹。

如果玛丽萨看到我写下的这段话，肯定会笑着说：“你说什么呐！

不行呀，你真正的父母会嫉妒我们吧！”

想起父亲模仿玛丽萨说话时的语气，真是有趣啊！

将近六十年前，母亲那胆小的小妹妹不知如何走夜路回家，便向人求助。以此为契机，我们家与和父亲同龄的矶部友纪子阿姨结下了不解之缘。

她经历过二战，在困苦中拥有了关爱他人的心灵，是名充满慈悲心、直觉很准的大老师。

她毫不拘谨，是个幽默、爽朗的人，一直在精神上支撑着我的母亲。

她的女儿玉枝现在是某公司的社长夫人，但她童年时与我一同成长，对我而言就像姐姐一样。如果让我画工作狂，我会画她。她从内到外都是工作狂。

“无论何时我总觉得她是个小女孩。”自从玉枝出生时起，父亲就认识她。他认为玉枝是个不管多大也不发愁、爽朗的女孩。

在这对夫妇的结婚典礼上，父亲结识了大屋政子[1]。某次从外景地回来，父亲恰好在机场遇到她。她叫住父亲：“哎呀！这不是黑泽老师么？”两人便投机地开始聊天。黑泽工作组的人们张大嘴看着这两人。穿着粉色、蓝色圆点图案短裙的大屋政子和父亲聊天的场景，非常值得一看。

川村义之先生的外号是“团先生”，他刚好住在我家隔壁，故而有了来往。母亲很偏爱他，哥哥以前办公司时曾提拔他为董事。

团先生举止优雅，可他却有着五短身材。再加上他的外表，慌

1　大屋正子（1920—1999）：实业家、作家。因穿衣品味迥异于常人，特别钟情于迷你短裙，曾惹来很大争议。

张的时候显得更有趣。他成了我家的滑稽演员。只要他在家里，气氛便会缓和。

他的妻子也是个独特的人，妆容漂亮、指甲精致，可以说这名贵妇人“天生带着唇妆和红指甲”。她有着如此不可思议的才能，慢慢地品茶对她而言是至高享受。而这个人也是我的闺蜜。

舞蹈家川村有两个女儿，年龄大些的叫“花”，小些的因为在拍摄《乱》时出生，因此名字是“兰”[1]，差不多有一半时间是由我照看着长大的。这家人的体重有一半来自于黑泽家的美食，这么说毫不过分。

父亲特别喜欢捉弄这位舞蹈家。他完全不会操作机械，让他坐上新车，拉拉安全带、摇摇窗户，他都显得惊慌失措。父亲感到很有趣。舞蹈家扭伤腰之后居然爬过了成城车站前的人行横道，这事儿经常在饭桌上被提起来。

我三岁的时候，伊势丹百货公司派绝世美女田端律子小姐来负责我家的采购业务。虽然只是工作上的往来，但每次我家搬家时她都会来帮忙。母亲忙碌的时候，只要给她打一个电话，她便会准备好需要的东西飞奔而来。母亲总说是“田端小姐的伊势丹”。

父亲离世时，她代替忙碌的我，以长年累月接待顾客的经验周到地接待了每一位前来吊唁的人，帮了我大忙。

长年担任父亲的司机的长峰正治先生，有一张长脸，是个慢性子，经常照顾小时候什么都不懂的我。最后也是由他为父亲送行。

从我两岁时就来当佣人的成川郁子，被大家称呼为“小郁”。

1 日语中，“兰”与“乱”同音。

母亲喜欢她的爽快性格，她的裁缝、刺绣、编织、烹饪能力都可以被称为专家级别。她因为出嫁离开我家之后，我记得自己寂寞了好一阵儿。

这三个人从我小时候开始，便是母亲的三个得意助手。

父亲的外甥井上芳男生来矮小，简直没法想象他是父亲的外甥。但他的急性子可以证明他们果然是血亲。年轻时候，同样急性子的父亲与他经常争吵。但是他已经离世的前妻和枝是个典型的东京人，多亏她的大度和母亲的帮助，两个人重归于好。

芳男再婚的时候，父亲说："芳男怕寂寞，却又是个胆小鬼，比我还要给人添麻烦。现在我放心啦，姐姐光子终于可以安心过日子了吧。"父亲一直特别担心他那辛劳的姐姐，说这句话的时候脸上带着安心的表情。

我的表兄加藤敏光（笔名岛敏光），是母亲唯一在世的妹妹照子的儿子。他的职业是电影评论家与司仪。我们两人几乎一起长大，所以在这里没什么想要写下来的感想。他的妻子寿惠子完全是个不同于我们家人的人。她是一名彻彻底底的贤妻良母，二十年来总被人问："你怎么和敏光结婚了呢？"我们这群怪人聚在一起的时候，这位贤惠的夫人总讲大道理。

他们的儿子肇是一个学习成绩好的天才，参加东京大学入学考试的时候因为迟到而落榜。作为旁人，我自作主张地认为这件事在他的人生中肯定是好事，因为此后他成长得更优秀了。

他们的女儿梓，则与电视画面里会出现的、令人惊讶的"涩谷妹"一个样儿。她的头发染成浅棕色，是个小太妹。

敏光的好朋友清原良高从年轻时便受父亲照顾。父亲说："那孩子很聪明。”可是敏光和清原成了最后两个让父亲生气的人。据说在讨论日本刀的时候，他们两个人连刀柄和刀鞘都分不清楚，父亲为此大发脾气。

清原在我父亲离世之后不停地哭，在商社工作的他甚至在上下班的电车里还有公司里低声哭泣。他的妻子打来电话说：“我好为难呀。”

我儿子的好朋友那须正康被大家起外号叫“社长”。他虽然每天都会惹麻烦，但实际上是个有良好教养的温柔青年。他总为我带来年轻人的活力。在父亲的葬礼上，他哭得最凶，因此出了名。他哭得停不下来，最后趴在卫生间的马桶上哭，真是个爱哭鬼。

还有一位朋友叫佐野贵笃，是个绝代美男。举止优雅的他是位宾馆工作人员，甚至让父亲对他着迷。这个孩子是能与加藤寿惠子匹敌的通情达理之人，是一群孩子的总管。

我家的新食客“衣蛾”——五十岚高广曾经留下了例如“胃底之蛙”[1]等名言，他甚至曾在车里靠着父亲睡着了。这位有着如此传说的强者如今成了能独当一面的厨师，经常帮我做饭、洗盘子。

生产甜品的不二家公司的女儿藤井由美，是我的好闺蜜。她很有教养，笑声却是“嘎哈哈”。她那为了目标拼命努力的能量令人害怕。她曾经提出来不少类似“和子爸爸，那个场面为什么要用那个颜色？”之类不合理的问题，让父亲困扰。但父亲对她那毫不矫揉造作的天真有着很高的评价。

守灵夜和葬礼的那些日子，她以极强的行动力负责了厨房的各

1　日语中，井の中の蛙，“胃”的发音同“井”。

种事务。

我前夫的母亲加藤真砂子（加东大介的夫人）被大家称为“大婆婆”。我虽然只是个前儿媳，但是她与我说的话比她和儿子更多，真是奇怪的婆媳关系。有人给她家打电话，问媳妇在不在。她却回答:“你要找前任还是现任啊？”真是个非常大度的八十四岁老太太。

黑泽工作组的监视官——负责管教大家的是松本修治先生，他可以称得上是一名管家。本职是经理的他，能够周到地体察到人们的情绪，经常在背后支撑父亲与哥哥，是个谦虚完美的人。他非常擅长按摩。

田畑稔可称得上是哥哥的左膀右臂，阪神大地震时他恰好在神户。他是黑泽明的大影迷，因为曾经任职的公司举办过黑泽明展，故而与我相识。他在黑泽明展上对细节毫不疏忽，因此与公司起了争执并辞职，成了自由人后为我们负责了几次企划。我忙着照顾父亲、最疲惫的时候，是他进了公司代替无法工作的我。

我一直想将他介绍给父亲，可是他在九月六日第一次前来，见到的是父亲的遗容。此后因为父亲的离世，他每天有巨量的工作要去完成。“简直改变了我的人生。”正如他所言，他成了我们之间的一员。现在我能做自己喜欢的工作，也多亏了他。

出津宏子是父亲的秘书，是平民家出身的女儿，也是一个孩子的母亲。虽然偶尔有些犯迷糊，但是这却成了她的魅力点，是个可爱的人。她难得有临危不乱的性格，对做上司的哥哥也有话直说，帮了大忙。

像这样形形色色的人围绕在父亲的身边。

不禁令人怀疑，将他们聚集在一起难道是为了创作剧本中的登场人物么？他们尽是些有趣的人。如果这个军团拥有什么，那就是大家齐聚一堂、以父亲为中心共同度过的欢乐时光。

不知道为什么，这里介绍的所有人都不喝酒，平时几乎不讨论关于电影的话题。要说聊什么，都是与电影无关、鸡毛蒜皮的小事。酒量大且热衷于电影的父亲常说“每周有一天‘休肝日’”，对他而言，和这些人聊天或许就是休息。

在父亲的送别会上，这群人坐在了家属席。父亲对大家一视同仁，这也是应当的。

即便在宴会上也是如此，他懒得费口舌说明，便介绍他们说是自己的亲戚。

如果非要为这群人列举共同点，我想那就是他们都充满个性、表里如一、温柔和善、受人喜爱。

可是，黑泽家军团和黑泽工作组的人们有史以来第一次合作、在同一个场所工作，竟是在父亲离世的时候。

父亲在9月6日离开了我们，7日要守灵，8日则是亲戚朋友参加的小型葬礼。黑泽工作组的成员和黑泽家军团在这三天中，几乎一直在一起。

东宝的松尾民夫摄像师是东宝方面的葬礼负责人。也许因为大家都任性地决定将这份工作交给他，一有葬礼便通知他。总之一定要找到松尾先生，团先生便开始寻找他。团先生说，他们两人在新宿的人潮人海中相遇的桥段，宛如电影中的定格画面。

那时我家的电话和哥哥的手机响个不停，前来吊唁的客人络绎不绝，直到深夜仍有人前来。家外面被新闻媒体堵得水泄不通。

期间我们抽空讨论了如何办守灵仪式和小型葬礼。

黑泽工作组和黑泽家军团的工作方式充满默契，各项事务有条不紊地推进着。多亏父亲生前常去的饭店“元町梅林”承担了守灵和葬礼时的一切饮食，所有事都顺利地进行着。

我几乎没参与这些事情，期间一直在鞠躬和应答电话，在不断重复这两件事情中度过了这几天。

从火葬场回到家中，饭菜已经整齐地摆放好，家中播放着音乐。此时，助理导演维托里奥·达勒·奥雷从意大利赶来了。

他说自己在家附近的教堂得知消息时，脑海一片空白。回过神来已经到了黑泽家中了。

在父亲与疾病斗争的那段时间里，他心想“只要能在老师身边就好”，曾经两次前来日本看望父亲。

葬礼那天晚上，大家热烈地讨论被父亲训斥的事、摄制现场的事情，直至深夜。

那天晚上，负责照明的佐野武治先生留宿我家。他的香烟抽完了，半夜睡不着觉。偶然回头时看见父亲的遗像，那正是一张父亲抽着烟的照片。他后来说：“照片里的他仿佛在说‘佐野啊，来抽一根吧？’似乎想要拿出烟来。我越来越想抽烟，怎么都睡不着了。”

第二天，我们前往位于横滨的黑泽电影工作室。为了要在9月13日举行送别会，以负责美术的村木与四郎先生为首，大批工作人员开始准备。

于是，举世无双的黑泽工作组像得到了父亲的命令一样，“五天内完成布景，当天开拍”。他们以迅猛的速度在熟悉的电影摄制现场搭建出了一片天地。我那疲惫的心终于得到了自由，久违地大口呼吸着令人舒畅的空气。黑泽工作组工作的地方，就像是我的故乡。

大家都对我说："你太累了，稍微休息一下吧。"可是我还想待在黑泽工作组在的地方。

他们工作到深夜，为了父亲，全心全意搭建这最后的布景。

"早上好！"我为他们带去点心的时候，他们以电影人一贯的方式问候我。

黑泽工作组的成员接连加入我们的工作。那场面甚至会令人感到"为什么父亲不在这里呢？"，真是不可思议。

我回到三楼的黑泽工作室事务所，五台电话同时响起，传真机也响个不停。我和出津女士连忙一个接一个地回应。

黑泽家军团由敏光负责，处理联络等事宜。大家齐心协力，为了送别会不断努力。谢谢大家，我感到好幸福。

我想哥哥的心情肯定与我一样。以送别会为契机，我们的时代开始了。必须好好抬起头，看向未来。

哥哥和我去摄影棚的时候，小泉先生和伊势丹的田端女士，还有不少人在家里帮我们接待客人。

晚上，我回到父亲家中后，仍然有人前来吊唁。

秀之爸爸、玛丽萨妈妈和弟弟善次郎从意大利赶来，紧紧地抱着我。那一瞬间，我又成了以前那个爱撒娇的和子。

当我住在代官山时经常与父母一起前往的餐厅 *Kitchen Bon* 送来了好吃的咖喱饭，我很高兴。

之前我和哥哥一直支撑着父亲，虽然累得不行，但这几天有许多人帮助了我们。我们肩上的重担就像被大家分担走一样，减轻了许多。我感到有些不可思议。正因有他们的帮助，我们才能做到现在这一步。要打起精神，我们有无数朋友。

以村木先生在《乱》中设计的金色之城为原型，大家制作了非常棒的祭坛。

以父亲拍摄《袅袅夕阳情》时的照片作为遗像。照片背景里其实有一个人影，那是小泉先生。

在摄影工作室的御园生实社长的统筹下，警察、银行、东宝宣传部、黑泽工作组、摄影棚相关的人还有黑泽工作室所有人员举行了一次会议。这情景令人回想起《天国与地狱》中警察开会的场面，简直就像一场电影。

相关的人们被编号，各个部门被委派了负责人。详细的进程表和会议内容被打印下来发给每一个人。

说明了关于救护车、警车、装甲车和运钞车的安排。其中首先对警卫与保安规格、告别会的流程、引导和招待客人的方法等进行了大致说明。

最重要的是保证来吊唁的人不要出事，不要给邻居们添麻烦，因此要将安全注意事项列于首位。前段时间发生过毒气事件，我们被嘱咐要多加小心。

所有人在吃过午饭后被分到各个部门，进行更详细的讨论，然后进行分阶段彩排。

9 月 13 日那天无比炎热。

哥哥手捧骨灰盒。在火葬场，父亲的骨灰被放入最大的骨灰盒，但仍然不够用。负责填装的人说了句“失礼了”，开始将骨灰向里塞。也许骨灰盒比预想中要重许多，哥哥微笑着说：“直到最后也给我们添麻烦呐。”

长峰先生驾驶灵车，由父亲的家出发。到达摄影棚时，新闻媒体的记者们早就被原本就守候在那里的人淹没了。

祭坛上放着父亲的遗骨，遗骨前面供奉着天皇陛下送来的供品。

场内播放着父亲电影里的音乐，前来吊唁的人接连到访。酷暑中，客人的队伍渐渐拉长。不知道为什么其中有打扮成月光假面的大叔，还有卖冰棍的人。

在主要宾客、黑泽工作组、黑泽家军团的人到齐并入座后，仪式正式开始。悼词后是献花仪式。

哥哥的悼词是："他很好地度过了一生，做了优秀的工作。我想对他说：'您辛苦了。'我们平安地将他送到了母亲的身边，迎来了完美结局。"

父亲离世的那天，哥哥无意间说了一句："接下来我该怎么办啊？"当火葬场的门关上时，哥哥低下头，说了一句"谢谢"。看着哥哥的身影，我一个劲儿地想：我会被要求做些什么呢？

回过神来，我已经被带到了安排好的位置，哥哥和他的妻子宽子，还有我站在门口。

大约有三万五千位客人参加了这次送别会。途中，我想这次让哥哥的长子和我的儿子们休息一下，真是让他们受累了。可是想想前来这里的客人们，我便不再想要离开，低着头和孩子们站成一排。

我不知道自己鞠躬的次数。无数客人一边哭泣，一边走过我们的面前。

后来才听说，影迷们都用相当于电影票价格的一千八百日元作为贡品。

在一次次鞠躬与道谢中，时间渐渐过去。

在出口处，为大家分发了印有《梦》的第八部分、老人葬礼场面分镜稿的电话卡。

“水车之村”中“呀嚜呀嚜”的音乐声响起，我的回忆涌现，心中感慨万分。

不知道过了多久，不再有前来吊唁的客人，大门关上了。

司仪松尾先生对大家说：“黑泽工作组的所有人，集合一下。”

不仅是哥哥、我、儿子们，而是黑泽工作组的所有人。

所有人再次献花。

哥哥哭着说：“希望小泉导演一定要将父亲的遗作《大雨天》拍出来。大家也一定要帮忙。就算小泉先生不愿意，也要由他来。正因为有黑泽工作组，才成就了父亲，我发自内心地感谢大家。”

父亲对小泉先生的感情、我和哥哥对小泉先生的感情都很特别。我们究竟怎样报恩才好呢？我好想将心中那满满的思念化作现实。

在摄制现场，如果拍得顺利，父亲说出“Cut！”的一瞬间，场内便会响起掌声。

和那时相同，父亲的遗骨在黑泽工作组的掌声中，被大家目送着离开。

晴空下，一切顺利结束。

黑泽明微笑着。

“Cut！”

第十章 大雨天

在摄影棚中一直以来开会的地方，开始进行《大雨天》各项准备。

父亲的固定位置没有人会去坐。背后的书架上装饰着父亲的照片。除此之外，黑泽工作组一如往常地开始进行准备工作前期的筹备。

不知为何，大家都有些安静。是因为父亲不在吗？还是因为刚开始考虑导演的工作方法？或者仅仅是因为预算不够、目前的状况不太好吗？

工作人员们温柔和善地与我相处。至今为止他们对我够好了，但这次我更多地感到了他们的鼓励。这让我觉得有些困惑、有点奇怪。

在电影界，五大三粗的汉子们经常给大家以喜好武力、粗野的印象，但是我非常明白他们都是一些情感丰富、温柔的人。他们会揣摩我的心思然后帮助我，虽然方式笨拙而且有些冷淡，但还是让我感到高兴。

小泉先生成了小泉导演。这是他执导的第一部作品。

因为我们想报答他，所以要求他担任父亲的遗作《大雨天》的导演。但我担心这有没有为他带去更多负担。他平时是一个安静、少言寡语的人，他会用怎样的方法传达自己的想法呢？独特的人们聚在这里，大家都有着自己的看法。

其实我根本不用担心。小泉导演明确地采用了他自己的方法，将自己的想法传达给大家。因为他的诚实和勤奋，大家聚在一起齐心协力向前进。

我此时也该从大树的树荫中离开了。现在，比父亲离世带来的悲伤更重要的是，这里有黑泽魂，黑泽工作组在这里，黑泽明的电影永远不会消失，我想让大家明白这一点。大家聚在一起，成为大树吧，然后将每一位黑泽工作组的成员培养成大树。我想这一天已经到来了。

有许多人认为不会有超越黑泽明的导演、日本电影到此为止，尽说些厌世的话。我可没在开玩笑，父亲可是特别讨厌这样的想法啊。

无论是哪一个人都比地球更重要。每个人的身上都有才能，只要为这与生俱来的才能努力就行。

超越黑泽明吧。只要抱有这样的想法，无论多少总能够成长一些，说不定能成长到接近他的水平呢。也可以摆脱电影制作这一限制，活得比他更伟大、更出色。我想，为此最高兴的人应该是父亲。

有一位影迷寄来一封信，信中写道："老师去世了，我也不想活了。我每天看着老师的电影哭泣。我不知道应该如何供奉老师。"

"他已经毫无牵挂地离世了，不供奉也罢。父亲经常说，要为活着的人们活下去，所以请在你的生活与工作中好好地抬起头，拼命地生活下去、成长起来，父亲会为此感到非常高兴。”我如此回信。

抱着这样的想法，同时为了感谢影迷们的支持、也为了纪念黑泽明，经常与我们交流的小泉导演的首部执导作品《大雨天》开拍了。

小泉导演说：“并不是因为当了导演才明白‘养儿方知父母恩’，现在我也许可以成为全世界第一的助理导演。”

为了进行长达一个月的外景拍摄，我们出发了。在五个月的准备期间，父亲不在了的感觉显得越来越真实。但随着日积月累的努力，热爱电影的人们进入了忘我的境界，加上不想被人指责说没有父亲就不行，我们愈发充满活力。

5月7日，在挂川城大殿的大书院进行拍摄。这是第二十七场戏，白天的外景拍摄于藩邸的谒见房。周围站满了剧组的武士和小兵，黑泽工作组一如往常。

接着，小泉先生喊出了一声“好的，开始！”他的声音很像父亲。扮演老爷的三船史郎先生声音也酷似三船敏郎先生。简直像穿越时空一样，我感到很不可思议。

主演寺尾聪先生既是我家的常客，也是表演上的专家，所以我们不用担心。扮演近卫官头领的人是吉冈秀隆先生，他以逼真、可爱的武士形象，展现出了父亲喜欢的坦诚人格，令我们心情舒畅。

初次担纲近卫官一角的山口马木也先生某一次问我：“你是隆之的姐姐吗？”我并非因此夸奖他，他确实是个直爽的好青年。担任家童一角的加藤隆之是我的儿子，当他还是个小宝宝时大家就认识他。

据说三船史郎先生时隔二十八年再度出演电影，他有着酷似他父亲的仪表和教养，长得既帅气，人品又好，深受大家喜爱。

大家友好愉快地相处着，这是和睦的小泉工作组的拍摄风景。

我们从挂川出发去了彦根，又从彦根前往伊豆，外景拍摄工作不断向前推进。

小泉导演最开始是拍摄纪录片的。父亲经常夸拍纪录片的人工作严谨。小泉导演的拍摄工作确实进行得很严谨，一个接一个镜头不断完成。

我连末席都算不上，贡献顶多只有为父亲做了些好吃的饭菜、支持他工作。六位主要工作人员（导演助理野上照代、负责美术的村木与四郎、摄影师上田正治、灯光师佐野武治、摄影协力斋藤孝雄、录音师红谷愃一）成了支持小泉导演的重要力量。他们的助力对象从父亲变成了小泉导演，也许会被称为“小舅子军团”。但是，这群专家以他们的匠人之心做好了每一个职位的工作，出色地支持着小泉导演。真厉害啊，大家已经超越“工匠”，成了艺术家。对他们干练的作风和思虑的深度，我深感佩服。

拍摄工作顺畅地进行着。小泉导演是一个从不表现出愤怒的人，所以拍摄现场既安静又充满微微的紧张感。少了些冲突，这平稳的感觉很不错。

担任制作的熊田先生和我因为在每天的拍摄结束后不用再照顾父亲，所以到了傍晚，两个人面面相觑：“真是有点不适应啊。”

熊田先生负责在父亲身边照顾他，在黑泽工作组是个名人。有一次父亲让他做蛋包饭，他在蛋包饭里裹了一个布丁。据说蘸了红辣椒的湿毛巾可以缓解马的筋肉疼痛，所以他想也许可以用来缓解父亲的肩膀痛，也给了父亲一块这样的湿毛巾。父亲怒吼道：“我不是咔哧咔哧山上的狸猫！”[1] 他坚守着“让父亲生气”职位第一名。虽然经常被骂是笨蛋，但他总是陪在父亲身边，所以他对《大雨天》的感情比其他人更深厚，不断努力再努力，成了摄制工作的基础力量。他是个擅于和人打交道的人，可以立刻与拍摄地的大叔们打成一片。因此我们得到了金谷町大井川大辇台保存会与岛田、挂川两市居民的帮助，招募到了大量群众演员。

拍摄现场总是愉快的。父亲也是，他在拍摄现场时最幸福，在现场发生的趣事数不胜数。

“喜剧正因为演员发自内心地认真演出才有趣。在电影的摄制现场，正因为平时正经做事的人拼命地去做奇怪的事情，紧张的情绪随之变得愈发奇怪。”父亲经常这么说。

这次也一样，最正经的助理导演田中彻一直在彩排中念夫人的台词，工作人员们捧腹大笑，笑出来了泪水。

三船史郎先生也是个严肃的人，他使出全力的样子令人发笑。

导演指示新人演员隆之将刀尖再向前伸一些，可是他没听清楚，便将自己的脖子向前伸。工作人员使劲憋着笑。

白鹭站在远处的石头上。摄影师上田先生对它高喊：“让开点！”年轻的工作人员却回答道：“那是道具。”

“可是它还在动呀。”

“啊！它还活着呢。”大家笑个不停。

此时白鹭飞走了。三船先生说：“啊，白鹭飞走啦。”这事简直令人哭笑不得。

1 出自日本民间故事《咔哧咔哧山》，讲述了一个兔子为被狸猫杀死的老奶奶复仇的故事。

如果父亲还在，他听到这些故事时一定会两眼放光：“所以我说摄制现场很有趣啊。对吧，有意思吧？正是这样的气氛会在电影中体现，实在是太好啦。”然后一定会再愉快地喝杯酒吧。

紧张与痛苦、短暂的舒畅心情与笑声、感动与成就感……我认为与朋友们一起分享这些，正是电影的活力与内在力量。

因为拍摄外景的时间长达一个月，我每天都担心天气。无论是谁都会抬头看天色。因为常言道天气最重要，我的阿姨便一直向神佛和祖先们祈求：“保佑天空放晴、保佑天空放晴。”母亲的妹妹只知道“晴天是好事”，可是我们经常等待天空转阴。“要是多向她说明一下就好啦。”这是我和工作人员们之间的笑谈。

我们等待着天气，因为连续好几天是多云，我们在位于静冈县森町的小国神社的武斗戏顺利完成了拍摄。

拍摄挂川御殿前的比武大赛时，担任临时演员的人都是挂川市政府的职员。

身穿武士礼服的近卫兵们站成一排，迎来了比武大赛的高潮镜头。

扮演老爷的三船先生用长枪与伊兵卫对决时落入池中的镜头着实令我担心。最后的拍摄效果很成功，现场的掌声络绎不绝。三船先生的身体湿透了，他说：“这下就能继续拍啦。”他这继承自他父亲的幽默让大家都笑了起来。

我们前往伊豆。酷暑之中，我加入了工作军团，用镰刀割堤坝上的枯草。时隔很久，我开始回想父亲的事情。

三船先生在拍摄骑马追赶的一场戏时，疯狂奔跑的身姿简直像在参加奥运会，迫力十足。我的儿子隆之曾经对父亲说：“我想要扮演一次传令的骑兵，策马奔驰。”这次他的愿望实现了，显得很开心。

拍完最后一个镜头后，我们告别美丽闪耀的大海、风景绝佳的岬角，回到东京。

我一个人开车时途经《八月狂想曲》的外景地静莲瀑布。

这一个月，我几乎没有去回忆父亲，投身于工作中。此时我的情感涌上心头：“爸爸，这次没能一起工作，好可惜呀。”

无比热爱电影摄制现场的父亲无法再与黑泽工作组的人一起拍电影了。这份伤感令我不住泪下。父亲离世后的黑泽工作组以小泉导演为首，所有工作人员的努力令我感动。我一边低声哭泣一边开车，最后迷了路。

在东宝的摄影棚进入了拍摄的冲刺阶段，要拍摄小旅馆的场景。

演员们穿着破烂得令人心痛的衣服，陆续化好妆。

原田美枝子扮演夜鹰阿金，她笑着说自己被这污垢的气味熏得头晕，同时展现了她的演技。她依然是个爽快、体贴入微的人，在工作人员中有极高威信。

松村达雄先生虽然嘴上说着“我是个老头子啦”，但他仍旧精力充沛。他在《暴走列车》中饰演了一个令人厌恶的中年男人，后来父亲因此疏远他。他心想自己是不是被父亲厌恶，心情消沉。后来父亲向他解释：“你的演技实在是太好了，导致我真的开始讨厌你啦。”因此他终于释怀。这次，他饰演一名惹人嫌的老爷爷，表演迫力十足。

宫崎美子扮演主角寺尾先生的妻子多世。她按照小泉导演的要求，扮演了一名有教养、武家出身且大方刚强的角色，塑造出了活力四射的妻子形象。

寺尾先生无需多言。他与浪人武士的服装相称，加上布景带来的安心感，以他细腻精湛的演技展现出了一名心地善良却受金钱所困的浪人武士形象。

住在小客栈的客人中有熟悉的大宝智子、铃木美惠，还有三十骑之会的成员们、表演太鼓的悠玄亭玉八师傅、表演太神乐的镜味小仙师傅，还有演奏三味线的姐姐们。他们陆续走进木村先生搭建的小旅馆中。

拍摄旅馆中的宴会场景时，工作人员们轻松愉快地按照小泉导演的方式完成拍摄，场面温馨感人。可以将这段内容与黑泽明拍摄的《低下层》对比观看。

小泉先生是一位身体健康又善良的人，他完全刨除了不幸的部分，工作中毫不拖泥带水。

到底是公认的黑泽明弟子，拍摄时许多地方仍残留着父亲的气息。但是小泉导演就是小泉导演。黑泽明拍摄黑泽电影，小泉尧史需要拍出小泉电影。

如果您读过父亲挑选的百佳电影列表，可以发现父亲在其中讲述了多种电影的精华之处。他曾经说过："因为有我才有黑泽电影，电影会带有导演的特质。某导演的作品特质与我的不同，但是也不讨厌吧？大家各有各的魅力，因此才有趣。"

"一般而言，如果只有完全相同的人活在这世界上，那绝对不会出现电视剧等。正因为大家各有个性，才有了文学与电影。虽然需要时间来让技艺更加成熟，但拍太多作品并不意味着好事。新意这东西不可能出现第二次的呀。

“看着世界上的导演们，评选哪一部电影最好，你们记者就喜欢做这些。如果我批评其他作品，你们才会觉得有趣吧。批评其实就是赞赏——这话是小林秀雄说的吧。”

无论何时父亲总以这种口吻回答问题。他经常为有志于电影事业的人提供支持。

小泉先生长年在父亲身边工作。

源于两人的师徒之情，小泉先生对父亲作品的爱，流淌在他的内心深处。黑泽工作组中每一个人的血液中都流淌着这份爱。我认为这非常重要。

父亲时常鼓励他们：要身怀在黑泽工作组中磨练出的技艺，成为匠人，并且跨越匠人，成为艺术家。

正因为黑泽明是黑泽明才有趣。我想如果有了黑泽明的克隆人，那样一点也不有趣吧？

《大雨天》终于迎来了拍摄结束的日子。

仲代达矢先生饰演剑术高手辻月丹，还有高级弟子、一般弟子、客人等共计二十一人，他们与寺尾先生一起剃掉了胡子，成了年轻时的伊兵卫。

哥哥与我经营的工作室的经理松本修治先生，饰演了一名客人。他时常被工作人员们调戏。

大雨中，佐野灯光组的成员们一如往常，听到头头佐野武治的声音后便立刻开始忙碌。

摄像师斋藤和上田也在四处忙碌。听到“OK”之后，小泉先生的脸上露出了些许轻松的神色，野上女士笑了。此外还有红谷先生、村木先生等等工作人员，大家都充满活力，脸上放着光。

电影的摄制现场太好了。我实在舍不得这里，便与儿子隆之一起帮他们整理灯光设备、打扫卫生，经常在摄制现场待到很晚。

到此为止，摄制完毕。剪辑后要配音，还有不少工作需要做。我期待着听到佐藤胜先生制作的音乐，离开现场。

服装部开始撤退，隔壁的化妆部和山田的假发组开始整理东西，我感到有些寂寞。

在这将近半年的时间里，我每天问候工作人员们："辛苦了。我先走啦。服装和化妆部解散——"今天是最后一次了。

"那么以后在摄制现场再见呀。"我向着东宝的摄影棚道别。

时隔很久，我前往东宝的配音中心探班。

"配音正是电影诞生于世的瞬间，我总这样觉得。无论体验过多少次，仍会感到感动、心跳不已。"父亲说这段话时两眼炯炯有神。

在黑暗中享受电影诞生的一瞬间。听着熟悉的演员的声音，沉浸在令人安心的思考中。

小泉导演的身体似乎微微发福了，录音师红谷先生和摄像师上田先生依旧充满活力。摄像师斋藤先生像父亲一样静静地关注着他们。负责音乐的佐藤胜先生虽然正在接受透析治疗，但是在工作时显得很开心。

导演助理野上女士不停地说："呀，这么轻松的后期制作可是第一次呐。"如果开玩笑回应说："这都是因为那个人不在，所以才轻松啦。"她便会模仿剪辑影片时父亲的手部动作，说："无论怎样，老师总这样呐。这次剪辑和配音用了最新的机器，所以轻松了。"她如此辩解，继续补充道："如果现在老师还在，现在肯定很忙乱，冷汗流个不停呐。啊，轻松啊。”她不断地轻声笑着，一边说“啊，这是要受惩罚呢”，一边将寿司塞进嘴里。

无论何时，一起精力充沛地拍电影吧。我以这样的心情看着野上女士的笑脸。我希望自己年过七旬时，也能这样继续愉快地工作下去。

8 月 29 日是晴朗酷热的一天。我们在镰仓的安养院为父亲做了一周年法事。我们决定在父亲离世的 9 月 6 日，在威尼斯举办追悼上映会。父亲会高兴的。其实只有上映会就够了，但我很难见到阿姨们。她们威胁我说不知道自己明年还能不能活着，因此举行了法事。

一如往年，我们请来和尚念了念经，只有亲戚参加。

我们去扫了母亲娘家加藤家的墓、母亲的姐姐高田女士的墓。大家开玩笑说：“这不是扫墓，而只是看看墓。”同行的还有六个孙辈，气氛很活跃。

我们在父亲喜欢的元町梅林餐厅吃饭。梅林的牌匾是父亲题的，父亲对任何事情都有恒心，甚至热心地做了第二块牌匾。餐厅的女主人也为父亲供上了鲜花，说：“要到一周年啦。”她诚挚地向我们道谢，说：“为了老师的名誉，我们会努力继续制作美味的菜肴。”

我干净利落地准备好去威尼斯的行李，出发了。9 月 1 日，在父亲离世之后，我时隔很久再次踏上前往海外的旅途。我厌恶坐飞机，父亲总坐在我的右手边，时不时用他的那双大手拍着我的头和手，安慰我说“没事”。

我乘坐飞机前往米兰。安眠药让我昏昏沉沉，我仿佛感受到父亲那只手正抚摸着我，说“没事、没事”。他似乎正坐在我的身边，我沉入梦乡。

醒来后我看看身边，哥哥像父亲一样斜挂着眼镜睡着。我不由得笑了出来。

时间流逝，想想这也是理所当然的。这时代即将迎来新的开始。

以前，父亲与三船敏郎先生一起去欧洲时，两人曾经将飞机上的威士忌全部喝光。

父亲害怕吵醒睡着的我，想要保持安静，但有时我会听到他在偷笑。原来他在听飞机内的落语录音，一个人笑出声。

飞机着陆的三十分钟前，父亲一定要去洗手间刮胡子、刷牙、梳头、喷上古龙水，整理好自己的仪表。

我慢慢地回忆起父亲在飞机上的点点滴滴，不知不觉已到了米兰的马尔本萨机场。我在那里换乘前往威尼斯的航班。

也许因为我小时候在意大利生活过，因此意大利语很顺耳，闻到意大利的气味便感到安心。

父亲也喜欢意大利，因为曾接到过拍摄东京奥运会的邀请，所以他参观过罗马奥运会，在那里长期居住过。开朗的人们、明媚的阳光、意大利的美食，都深受父亲喜爱。父亲曾经用报纸包着路边摊出售的油炸馅饼，在路上边走边吃。

据说埃塞俄比亚的不知名马拉松选手夺冠后跑来时，年轻的父亲和罗马人一起欢呼，然后追着这位名叫阿倍倍·比奇拉的选手奔跑。

参加多纳泰罗电影奖的颁奖典礼时，他到我在都灵郊区坎培诺的住处，第一次见到出生在意大利的外孙秀之。

他在奥运会时学会了用意大利语说“和子不在家，请之后打电话来”，所以他开玩笑说自己可以看家。这是一段有趣的回忆。我与住在那不勒斯的少年书信来往、在美丽的老桥发生的故事……我接连不断地回忆起在意大利的经历。

离威尼斯约有一小时车程的地方，是经由盐野七生[1]介绍而成了父亲的助理导演的维托里奥·达勒·奥雷的家。他的妻子迪安曼蒂是领主的女儿，住在名为“巴巴罗别墅”的豪华城堡里。据说城内装饰着保罗·委罗内塞创作的美丽壁画。

维托里奥是位出身于名门的优雅好青年，从拍摄《乱》的时候开始在父亲身边学习。据说便当只有饭团这事儿让他大哭了一场，但是他明白如何努力，一心一意地在日语环境中埋头制作在日本的第一部作品。父亲经常说这孩子真不错。

父亲似乎与野上女士一起在威尼斯乘坐贡多拉、游览运河。我心想如果有时间，自己也要试一试，便以船为出租车前往里德岛。

船驶到了埃克塞尔西奥王宫酒店，我在多班旅馆住下时已是深夜。欧洲的香味、宾馆赠送的花卉包围着我，让我回想起和父亲一起游览欧洲各地的情景。我将旅行箱里的行李放进壁橱，准备睡觉。

父亲和我一样擅长倒时差。父亲说：“时差存在于我们的脑海中。”我前往海外时即便不睡觉也可以保持精力充沛，这完全是继承于父亲的体力。这也使得我能够陪伴父亲参加忙碌的宣传和电影节，按照紧张的时间表行事。

可是那一天，我竟然早早地醒来了。

突然意识到“父亲已经不在了”，我哭个不停。离开忙碌的日本、包裹着我和父亲在一起时的那种香气，我想起这一年来我忙得没有

1 盐野七生（1937—）：日本知名学者、小说家。代表作有《海都物语》等。

闲暇思考，便愈发想念父亲。我在威尼斯的五星级宾馆里哭得像个孩子。

打开窗户，我看到意大利的太阳灿烂美丽。

好啦，打起精神吧。我喝了一杯卡布奇诺、一杯红橙汁、一杯酸奶，吃了牛角面包和水果沙拉，恢复成活蹦乱跳的和子。

《大雨天》一行人到达前的三天里，我第一次在海外如此悠闲地享受假期，真舒服啊。

第一天，我乘上了演奏着意大利民歌的贡多拉船。父亲提到过的转弯时的歌声很有特色，声音很优美。

哥哥的朋友高居隆章先生与里见治先生赞助了此次出行，他们俩都是开朗的人，我和他们一起享受着意大利风情。

第二天，我去了彩虹岛——传说中为了妖精们用海水的泡沫编制蕾丝的、著名的威尼斯布拉诺岛。岛上特有的、可爱、色彩鲜艳的小房子连绵不绝。

一家名为黑猫的餐厅菜肴好吃得令人开心。在这岛上能看到的只有黑猫，所以才有了这家餐厅的名字吧。

第三天，我和哥哥两个人去本岛买东西。两人在狭窄的小巷里走来走去、吃午饭、在酒店喝卡布奇诺，享受着慢节奏的生活。

这是我第一次与哥哥两人在一起。现在只有我们这失去父母的兄妹二人，愈发理解对方的想法。哥哥回忆起与父亲在英国生活的经历，我高兴得不得了。

这天晚上，《大雨天》摄制组终于来到威尼斯。

晚上十一点，我们在埃克塞尔西奥王宫酒店的码头迎接大家。虽然没能以“在威尼斯相见吧”这样的浪漫气氛迎接大家，但是我期待着与大家相逢。

在船里，小泉导演第一个说话：“啊，看到你们两个人的脸，我就安心啦。”

虽然已经快半夜了，但导演和野上女士、上田先生和红谷先生还在检查明天试映会的画面和音响。辛苦你们了。据说他们一直忙碌到凌晨三点半。

第四天，我们开始忙碌起来了。以导演为首，寺尾先生、三船先生、宫崎先生、原田女士还有哥哥几人的采访开始了。我在埃克塞尔西奥王宫酒店前那巨大的海边露台上等他们回来，一起去威尼斯吃午饭。

宫川一家的宫川安东尼与夫人卡尔罗塔前来。他们给电影节上的传单、电影的意大利语字幕等帮了大忙。

意大利的爸爸妈妈——宫川夫妇给安东尼打了电话。他们向安东尼下达命令，说既然到了埃克塞尔西奥王宫酒店，就一定要把和子带回来。哥哥和演员们去威尼斯本岛购物，导演和我们回到里德岛。

我问第一次穿着西装来海外旅行的小泉导演：“在这五星级酒店住，反而没法安心吧？”虽然小泉导演擅长冒险旅行，但从性格看来，他并不擅长应对这种豪华的地方。小泉导演挠着头，说：“呀啊……”然后又飞奔出门去接受采访。

我被意大利的爸爸妈妈关爱了一会儿，然后一起前往《大雨天》的全体晚餐会。

第五天上午举行了正式记者招待会。在某座平时是赌场的建筑物里，坐满了媒体相关人士。

报纸上刊登着前一天小泉导演接受采访的文章。

他说："我还没能成为导演。大家看过电影后，认同了我，我才能成为导演。"记者写下评论："他的精神值得世界上的导演们学习。"

也许大家对这样的导演很有兴趣，提问如同枪林弹雨般袭向小泉导演。他逐一认真回答，博得了好感。

大家的提问都是善意的。"在电影的各种方面可以看出黑泽老师的风格，请问这是您特意这样做的吗？"小泉导演的回答是："因为我长年陪伴在老师身边，所以这些内容自然而然地成了我的血肉，您能看出来这些我倍感光荣。"

哥哥说："今天是小泉工作组扬帆起航的日子。看到今天的情形我安心了，已经开始为下一部作品募集资金。小泉先生在漫长的岁月中为了支持父亲而工作，如果我们能创造出一个可以让黑泽工作组的人永远一起工作的地方就好啦。"

正式记者招待会勉强在预定的时间结束，我们合影留念。

我让两个儿子、三船先生和哥哥一起背靠背，拍一张合影。拍完后哥哥说："哎呀，真是输给你啦。"

等待三点的追悼上映会开始，期间我、小泉导演、三船先生和哥哥四人围在一张桌旁吃午饭。我终于舒了口气。哥哥和导演开始讨论下一部电影的制作，我感到非常开心。

走进追悼放映会的会场，我看到里面装饰着父亲的巨幅遗像。就座后，演员、工作人员、制作人、哥哥还有我被按照次序叫上台问候观众。最后主持人说"导演、小泉尧史先生！"小泉导演仍仿佛事不关己一般坐在座位上。大家急忙催促他站起来。他低下了头。这个特别害羞的人被带到这种地方，真是可怜。

放映开始了。父亲的照片出现在银幕上，然后出现了“献给黑泽明导演”的字幕。此时场内响起了热烈的掌声。

一个半小时后，影片放映完，会场内的灯光突然点亮。观众们站起身，鼓掌持续了五分钟，仍未停止。

大家都哭了。我为小泉先生的成功感到喜悦。没有哭泣。我悄悄地与哥哥讨论应该怎么样才能帮助备受困扰的小泉导演，最后终于让他逃离了会场。

晚上，我们在多班宾馆中曾是卢奇诺·维斯康蒂执导的《魂断威尼斯》拍摄地的房间，举办了《大雨天》主创人员的鸡尾酒会。

哥哥向大家道谢后，酒会开始了。

一直被隐藏在父亲那眩目光辉下、诚实、努力的小泉导演，还有黑泽工作组的老成员们得到了观众们的认可。

单纯专注地爱着电影、爱着人们的父亲，他从不精打细算，无视生活的窘困，将人生投入电影之中。现在终于可以将他的思想传达给下一代了。

哥哥久违地露出了幸福的表情。“父亲的电影兼备娱乐性与艺术性，这就是他的电影的特征。能够让一直支持着他的黑泽电影组的人长久地工作下去，我和他们都感到幸福。只要能制作想拍的电影就好，钱可以从其他地方赚。”哥哥笑着说。

我们报答了小泉导演的恩情。哥哥欣慰的表情也令我感到幸福。此时天渐渐黑了。

哥哥在采访中回答：“你问我父亲黑泽明怎样？我们都是男人，我作为制片人，印象更深的是导演黑泽明。如果是关于父亲黑泽明，去问问和子会更好。父亲和女儿的亲密关系，我真的好羡慕啊。”

从母亲离世再到父亲离世，感谢能拥有和父亲享受父女之情的时光。

作为女儿的幸福时光已经过去了，父亲赠予我的礼物，让我在身体、心灵和工作中都获得了满足。我可以一个人健康地生活下去，不要担心呀。

哥哥，你也考虑一下自己的幸福啊。我以后还要受你照顾，请一直保持健康啊。哎呀，我可能又会被你训斥是“笨蛋”啦。

哥哥到达成田机场之后，去打了高尔夫球，第二天去了北海道。

我回到儿子们的身边。

小儿子长得很像父亲，跑来对我说：“妈妈，我好想见你啊。”

“妈妈开的飞机是什么颜色的？得第一了吗？”他似乎认为每人都要操纵一架飞机。“高达机器人也可以飞吗？”

我作为母亲感到幸福，作为妹妹感到幸福。还有作为黑泽工作组的一员、小泉工作组的一员，也感到幸福。而且，我作为女儿感到幸福。

在此，感谢身边所有的人。

请让我为了今天、明天，拼尽全力地活下去。

后记

从第五十六届威尼斯国际电影节归来后、我正要将这本书的最后一章写完时，传来了一个消息。

虽然小泉导演的《大雨天》没有参与奖项的角逐，但是作为最关爱环境的作品，被“电影未来奖”部门授予“绿狮奖”。

当地的记者们如此评价这部电影：这部电影令人预感到我们正在从对立与成长的时代向着温柔与协调的时代发展。并且夸赞小泉导演是“黑泽明精神上的儿子”“深思熟虑的人”，作品“比黑泽导演更加明快”。

父亲该有多高兴呀。终于有人继承了父亲的遗志，我感到释然。

我的这本书也终于写完了。

与拍摄电影不同，写作这种属于一个人的工作真是寂寞。

我平时总与近百人的工作人员们一起鼓足干劲地工作，现在一个人面对桌子写作时，真是感到无助。

即便如此，那些与父亲的谈话令我在写作时感到快乐。

父亲活了八十八年，他的内心世界博大精深。我没办法将其全部写成文字，但是拥有堆积如山的回忆真是幸福。

在照顾父亲的漫长时间里，我一直在不断调节着自己的心态。但是在这里将其写下来时，我再次重新审视了自己的人生，它成为了我迈向明日的动力。

我起初对写这本书犹豫不决。因为父亲是一名伟人。如果牵扯到什么事情便会不得了，我感到十分麻烦。

通过黑泽明的电影、通过至今写下的文字，人们在心中珍藏着对父亲的印象。如果我破坏了这印象，我在这里感到抱歉。

父亲曾经教导我，“坦诚地将想法原原本本、一字一句地写下来，这很重要。既然开始写作，就不要停下来，要坚持到最后。”

而现在我却为“开始写了却停不下来”感到烦恼。

此时小泉导演对我说：“老师的事情一定要好好写下来啊。”因此我必须动笔了。我心想：要将父亲这笨拙的人的一生与拍摄电影的乐趣写下来。

这样就好了，我的心情现在无比晴朗。我已经完全准备好如何应对没有父亲的人生了。

现在，我试着探索为了电影的未来自己可以做些什么，并且守护黑泽电影、作为叙述故人黑泽明的人继续活下去。现在到了我寻找自身可能性的时刻。

请关注此后的小泉制作组、黑泽工作组和我吧，我会拼命为了开创下一个时代而努力。

我珍视着父亲留给我的心灵遗产，以开朗、健康的姿态奋发向上，我的心中充满感激。

《文艺春秋》总编平尾隆之先生为这本书的写作带来了契机，本书的责任编辑照井康夫先生为我的初次写作带来了莫大帮助。在此我由衷地向二位表达感谢。

借此机会，我也要向让我迈出写作的第一步、为父亲不断奉献的小泉导演表达感谢，真的非常感谢。

黑泽工作组的各位，为了写这本书，我在很长一段时间里没能给你们帮忙，真对不起。

多年来，哥哥为父亲付出了无以言表的辛劳，并且支持着我与父亲，我发自内心地表示感谢。

有个难伺候的外公、作为我的左膀右臂，帮助我的隆之和秀之，谢谢啦。

为外公在人生的最后带来快乐的小儿子，谢谢。

黑泽工作组的各位，多年来真的非常感谢你们。我们继续一起工作吧！

有了各位影迷才成就了黑泽明。在表达感谢的同时，我要说明现状并不是影片最后的“完”。下一部作品已进入筹划中。

今后也请多关照。

用父亲的话来说，就是：“永远都是下一部！”

黑泽和子

附录：黑泽明与黑泽和子简略事件簿

1910年（明治43年）——黑泽明0岁

3月23日，在东京市荏原郡大井町（现为品川区东大井），黑泽明作为黑泽家四男四女中最小的孩子降生于世。父亲黑泽勇（45岁）出身于秋田县，担任陆军的体育教官，当时是荏原中学的理事。母亲志麻（40岁）出身于大阪的商业家庭。

1928年（昭和3年）——黑泽明18岁

3月，毕业于京华学园中学。立志成为画家，但没有考上美术学校，便前往画室练习。

1933年（昭和8年）——黑泽明23岁

7月10日，哥哥丙午在伊豆汤岛自杀身亡（时年27岁）。

1936年（昭和11年）——黑泽明26岁

4月，参与*PCL*电影制作所（东宝前身之一）的助理导演招聘，并且成为制作所一员。

1941年（昭和16年）——黑泽明31岁

3月，作为B组导演参与山本嘉次郎导演的《马》，摄制完成。

1943年（昭和18年）——黑泽明33岁

3月25日，首次执导作品《姿三四郎》上映。该作品与木下惠介执导《热闹的港口》一同获得山中贞雄奖。

1944年（昭和19年）——黑泽明34岁

4月13日，电影《最美》上映。

1945年（昭和20年）——黑泽明35岁

2月，与《最美》的女主角加藤喜代（又名矢口阳子）结婚。在东京都世田谷区祖师谷购置住宅。

5月3日，《续·姿三四郎》上映。

战争结束时，摄制的电影《踩虎尾的男人们》被*GHQ*禁止上映。

12月20日，长子久雄出生。

1946年（昭和21年）——黑泽明36岁

10月29日，《青春无悔》上映。

1947年（昭和22年）——黑泽明37岁

7月1日，《美好的星期天》上映。

1948 年（昭和 23 年）——黑泽明 38 岁

2 月 8 日，父亲黑泽勇离世，享年 83 岁。

4 月 27 日，《泥醉天使》上映。

1949 年（昭和 24 年）——黑泽明 39 岁

3 月 13 日，《静夜之决斗》上映。

10 月 17 日，《野良犬》上映。

1950 年（昭和 25 年）——黑泽明 40 岁

4 月 30 日，《丑闻》上映。

8 月 26 日，《罗生门》上映。

1951 年（昭和 26 年）——黑泽明 41 岁

5 月 23 日，《白痴》上映。

9 月 10 日，《罗生门》获得威尼斯国际电影节金狮奖。

1952 年（昭和 27 年）——黑泽明 42 岁

1 月，搬家至东京都北多摩郡狛江村和泉（现为狛江市）。

3 月 20 日，《罗生门》获得第二十四届奥斯卡荣誉奖。

4 月 24 日，《踩虎尾的男人们》上映。

10 月 9 日，《生之欲》上映。

11 月 4 日，母亲志麻离世，享年 82 岁。

1954 年（昭和 29 年）——黑泽明 44 岁 黑泽和子 0 岁

4 月 26 日，《七武士》上映。

4 月 29 日，和子出生于位于东京都杉并区的医院。

1955年（昭和30年）——黑泽明45岁 黑泽和子1岁

10月15日，作曲家早坂文雄离世，享年41岁。

11月22日，《活人的纪录》上映。

1957年（昭和32年）——黑泽明47岁 黑泽和子3岁

1月15日，《蜘蛛巢城》上映。

9月17日，《低下层》上映。

1958年（昭和33年）——黑泽明48岁 黑泽和子4岁

4月，和子进入成城幼儿园。

12月28日，《战国英豪》上映。

1959年（昭和34年）——黑泽明49岁 黑泽和子5岁

4月，设立黑泽电影制作所。

1960年（昭和35年）——黑泽明50岁 黑泽和子6岁

4月，和子进入成城学园小学。

8月，第二次前往欧洲旅行。为了准备拍摄东京奥运会的纪录片，前往罗马奥运会进行参观学习。

9月4日，《恶汉甜梦》上映。

1961年（昭和36年）——黑泽明51岁 黑泽和子7岁

4月25日，《用心棒》上映。

1962年（昭和37年）——黑泽明52岁 黑泽和子8岁

1月1日，《椿三十郎》上映。

1月4日，和子的祖母加藤松枝离世，享年64岁。

9月，搬家至世田谷区松原。

1963年（昭和38年）——黑泽明53岁 黑泽和子9岁

3月1日，《天国与地狱》上映。

1965年（昭和40年）——黑泽明55岁 黑泽和子11岁

4月3日，《红胡子》上映。

和子第一次观看父亲的电影《红胡子》。

1966年（昭和41年）——黑泽明56岁 黑泽和子12岁

4月，和子进入成城学园中学。

1969年（昭和44年）——黑泽明59岁 黑泽和子15岁

1月，黑泽电影制作所与二十世纪福斯公司合作的《虎！虎！虎！》无法继续制作，黑泽电影制作所退出制作。

4月，和子进入成城学园高中。

1970年（昭和45年）——黑泽明60岁 黑泽和子16岁

10月31日，首次摄制的彩色电影《暴走列车》上映。

1971年（昭和46年）——黑泽明61岁 黑泽和子17岁

4月，和子从成城学园高中退学。

9月23日，和子的祖父加藤照吉离世，享年86岁。

12月22日，黑泽明自杀未遂。

1972年（昭和47年）——黑泽明62岁 黑泽和子18岁

4月，和子进入*SUN*设计研究所造型师学科。

10月，搬家至涩谷区惠比寿西（代官山的家）。

1973年（昭和48年）——黑泽明63岁 黑泽和子19岁

3月14日，与苏联电影合作公社的电影《德尔苏·乌扎拉》签署制作合作书。

1974年（昭和49年）——黑泽明64岁 黑泽和子20岁

3月，和子毕业于*SUN*设计研究所。

4月，进入伊东服装研究所设计科。

9月31日，山本嘉次郎离世，享年72岁。

1975年（昭和50年）——黑泽明65岁 黑泽和子21岁

3月，和子毕业于伊东服装研究所设计科。

7月31日，加东大介突然离世。和子与加藤晴之（加东大介长子）迅速订立婚约。

8月2日，《德尔苏·乌扎拉》上映。

9月，《德尔苏·乌扎拉》获得莫斯科电影奖金奖。

1976年（昭和51年）——黑泽明66岁 黑泽和子22岁

3月29日，《德尔苏·乌扎拉》获得第四十八届奥斯卡金像奖外语片奖。

5月，和子与加藤晴之结婚，住在世田谷区成城8丁目。

10月26日，黑泽明被选为文化功劳者。

1977年（昭和52年）——黑泽明67岁 黑泽和子23岁

黑泽明转居至调布市入间。

3月，和子的长子加藤隆之出生。

9月，和子因丈夫的工作前往意大利，住在位于都灵郊外的贾韦诺村。

1978年（昭和53年）——黑泽明68岁 黑泽和子24岁

1月，和子的次子加藤秀之作为早产儿出生。

1979年（昭和54年）——黑泽明69岁 黑泽和子25岁

9月，和子从意大利回国。

10月，移住世田谷区成城2丁目。黑泽明也搬到了附近居住。

1980年（昭和55年）——黑泽明70岁 黑泽和子26岁

4月26日，《影子武士》上映。

5月23日，《影子武士》获得戛纳电影节最高奖。

1982年（昭和57年）——黑泽明72岁 黑泽和子28岁

2月11日，志村乔离世，享年76岁。

5月，作为戛纳电影节三十五周年纪念，电影节委员会对黑泽明进行了特别表彰。

9月，作为威尼斯国际电影节设立五十周年纪念，《罗生门》获得荣誉金狮奖。

10月，和子移住至世田谷区上祖师谷。

1983年（昭和58年）——黑泽明73岁 黑泽和子29岁

9月，和子与加藤晴之离婚。设立设计公司。

11月1日，于横滨市绿区雾丘开设“黑泽电影工作室”。

1985 年（昭和 60 年）——黑泽明 75 岁 黑泽和子 31 岁

2 月 1 日，妻子喜代离世，享年 63 岁。和子关闭设计公司，担任黑泽电影工作室董事。

6 月 1 日，《乱》上映。

11 月 3 日，黑泽明获得文化勋章。

1986 年（昭和 61 年）——黑泽明 76 岁 黑泽和子 32 岁

3 月 24 日，《乱》被提名包括导演奖在内四部门的奖项（和田惠美获得最佳服装设计奖），出席颁奖仪式。与比利·怀德、约翰·休斯顿一同进行发言。

1987 年（昭和 62 年）——黑泽明 77 岁 黑泽和子 33 岁

和子被父亲邀请“要不要加入黑泽工作组”，进入服装部。

准备制作《梦》。

11 月，《全集黑泽明》由岩波书店出版发行。

1989 年（平成元年）——黑泽明 79 岁 黑泽和子 35 岁

11 月 1 日，和子的伯母高田正子离世，享年 69 岁。

1990 年（平成 2 年）——黑泽明 80 岁 黑泽和子 36 岁

3 月 26 日，黑泽明获得奥斯卡金像奖荣誉奖，与此同时会场的人们为他献上了 80 岁的生日祝福。

和子陪同父亲参加奥斯卡金像奖和戛纳电影节。

5 月 25 日，《梦》上映。

1991 年（平成 3 年）——黑泽明 81 岁 黑泽和子 37 岁

5 月，和子陪同父亲参加戛纳电影节。

5月25日，《八月狂想曲》上映。

1993年（平成5年）——黑泽明83岁 黑泽和子39岁

2月28日，本多猪四郎离世，享年81岁。

4月17日，《袅袅夕阳情》上映。

5月，和子第三次陪同父亲参加戛纳电影节。

7月，和子的三儿子爽出生。

黑泽明将山本周五郎的短篇小说《何处花香》与《露水未干》改编为《大海作证》，开始撰写剧本。12月1日印刷原稿、准备开始制作，却因资金等等问题流产。

1994年（平成6年）——黑泽明84岁 黑泽和子40岁

11月，黑泽明获得第十届京都电影奖。

1995年（平成7年）——黑泽明85岁 黑泽和子41岁

3月，黑泽明在京都中京区的旅馆写作山本周五郎作品改编的《大雨天》剧本时摔倒，脊椎下部压迫性骨折，住院三个月。此后依靠轮椅移动。

1996年（平成8年）——黑泽明86岁 黑泽和子42岁

2月5日，小国英雄离世，享年91岁。

1997年（平成9年）——黑泽明87岁 黑泽和子43岁

12月24日，三船敏郎离世，享年77岁。

1998年（平成10年）——黑泽明88岁 黑泽和子44岁

9月6日下午12点45分，于世田谷区成城4丁目的家中因脑淤血离世。

9月8日，家人举行内部葬礼。

9月13日，于黑泽电影工作室举办“黑泽明导演告别会”。

10月，《文艺春秋》11月号刊载和子的对话录《爸爸黑泽明》。

10月25日，骨灰安葬于镰仓市大町安养院。戒名为“映明院殿纮国慈爱大居士”。

1999年（平成11年）——黑泽和子45岁

3月，于《文艺春秋》4月号发表《黑泽明精选的一百部电影》。

5月，剧本遗作《大雨天》由小泉尧史执导、旧黑泽工作组成员共同开始拍摄。

7月，《大雨天》摄制完成。

8月，在文艺春秋编辑的《黑泽明——梦即为天才》中发表《梦中的父亲鼓励我》。

9月6日，黑泽明离世一周年忌日，《大雨天》在威尼斯国际电影节进行特别放映，获得绿狮奖。

2000年（平成12年）——黑泽和子46岁

1月，《爸爸黑泽明》由文艺春秋出版发行。

2001年（平成13年）——黑泽和子47岁

6月，《蜘蛛巢城》由斋藤雅文改编剧本及演出，作为舞台剧上演。和子担任服装指导。

7月，《黑泽明的餐桌》由小学馆文库出版发行。

2002年（平成14年）——黑泽和子48岁

5月，岩波书店出版发行的《全集黑泽明》完结。

6 月，黑泽明编剧、熊井启导演的《大海作证》开始拍摄，和子担任服装设计。

10 月，小泉尧史导演《阿弥陀堂讯息》开始拍摄，和子担任服装指导。

山田洋次编剧导演《黄昏清兵卫》开始拍摄，和子担任服装设计。

作为国际审查委员参与第 15 届东京电影节奖项评选。此月黑泽明导演作品的 *DVD BOX* 陆续面市。

11 月，斋藤雅文编剧、水谷干夫演出，将《用心棒》改编为舞台剧，和子担任服装指导。

2003 年（平成 15 年）——黑泽和子 49 岁

1 月，于《中央公论》连载《黑泽明——心的剧本》，预计于 04 年夏天出版。

9 月，北野武导演《座头市》开始摄制，和子担任服装设计。作品于威尼斯国际电影节获得银熊奖。

于法兰克福电影博物馆举办“黑泽明展”。

图书在版编目（CIP）数据

上山的路：我的爸爸黑泽明 /（日）黑泽和子著；
焦阳译．-- 北京：新星出版社，2018.5
ISBN 978-7-5133-2790-9

Ⅰ．①上… Ⅱ．①黑… ②焦… Ⅲ．①黑泽明 (1910-
1998) —生平事迹 Ⅳ．① K833.135.78

中国版本图书馆 CIP 数据核字（2017）第 187732 号

上山的路：我的爸爸黑泽明
（日）黑泽和子 著
焦阳 译

策划机构：雅众文化
总 策 划：方雨辰
特约编辑：田 媛
责任编辑：汪 欣
装帧设计：周伟伟

出版发行：新星出版社
出 版 人：马汝军
社 址：北京市西城区车公庄大街丙 3 号楼 100044
网 址：www.newstarpress.com
电 话：010-88310888
传 真：010-65270449
法律顾问：北京市大成律师事务所

读者服务：010-88310811 service@newstarpress.com
邮购地址：北京市西城区车公庄大街丙 3 号楼 100044

印 刷：山东临沂新华印刷物流集团有限责任公司
开 本：880mm × 1194mm 1/32
印 张：7.25
字 数：161 千字
版 次：2018 年 6 月第一版 2018 年 6 月第一次印刷
书 号：ISBN 978-7-5133-2790-9
定 价：48.00 元